高职物流职业技能大赛解析与实操

李作聚　编著

内 容 提 要

"学赛一体化"课程是以"教学同步，做赛一体"为开发思路，采取项目教学、任务驱动的方法，指导学生自主创新地进行学习和研究，通过大赛考核、过程考核、结果考核和教师考核相结合，实现培养学生良好职业素养和提升综合职业能力的目的的实训课程。本书以高职物流管理专业课程体系开发为基础，内容紧密结合物流技能大赛，从理论和实践两个层面，就"学赛一体化"课程开发进行了研究。

本书适合作为参加全国高职院校物流职业技能大赛的教师指导书和学生备赛的参考书，也适合作为其他专业开发"学赛一体化"课程的参考书，同时对物流企业开展职业技能竞赛和劳动竞赛具有一定的指导作用。

图书在版编目（CIP）数据

高职物流职业技能大赛解析与实操 / 李作聚编著. -- 北京：中国水利水电出版社，2019.10
ISBN 978-7-5170-8139-5

Ⅰ. ①高… Ⅱ. ①李… Ⅲ. ①物流管理－高等职业教育－教学参考资料 Ⅳ. ①F252.1

中国版本图书馆CIP数据核字(2019)第237013号

策划编辑：周益丹　责任编辑：张玉玲　加工编辑：刘 瑜　封面设计：李 佳

书　名	高职物流职业技能大赛解析与实操 GAOZHI WULIU ZHIYE JINENG DASAI JIEXI YU SHICAO
作　者	李作聚　编著
出版发行	中国水利水电出版社 （北京市海淀区玉渊潭南路 1 号 D 座　100038） 网址：www.waterpub.com.cn E-mail: mchannel@263.net（万水） 　　　　sales@waterpub.com.cn 电话：（010）68367658（营销中心）、82562819（万水）
经　售	全国各地新华书店和相关出版物销售网点
排　版	北京万水电子信息有限公司
印　刷	三河市铭浩彩色印装有限公司
规　格	184mm×260mm　16 开本　11.75 印张　292 千字
版　次	2019 年 10 月第 1 版　2019 年 10 月第 1 次印刷
印　数	0001—2000 册
定　价	36.00 元

凡购买我社图书，如有缺页、倒页、脱页的，本社营销中心负责调换

版权所有·侵权必究

前　　言

　　高职教育是从职业出发的教育，是面向就业的教育。高职教育中的课程开发和改革以及对应教材的开发是培养学生综合职业能力的重要环节，目的是让学生快速适应工作岗位。《国家中长期教育改革和发展规划纲要（2010—2020年）》中也明确要求，以服务为宗旨，以就业为导向，推进教育教学改革。可见，高职教育教学改革，特别是课程开发是提升我国高职教育质量的重要步骤。

　　在改革过程中，高职教育发展了"校企合作、工学结合"的指导思想，形成了"干中教、干中学"的教学模式，提出了"双师结构"等概念。然而，教学改革是一个动态发展的过程，课程开发也存在着重形式、缺内涵、少持续性的现象。为此，应紧密结合经济发展和产业升级的需要，促使众多角色如政府、行业、企业、教师、学生等主动参与到学校的教育教学改革中来。我们认识到，以政府、行业为主导，以企业为支撑，以学校为根本，以学生为主体的职业技能大赛正成为一种教学改革的推动力量，在这样一个大赛平台上，像一双无形的手在发挥着它对职业教育巨大的推动作用。

　　《国家中长期教育改革和发展规划纲要（2010—2020年）》中明确提出在职业教育中开展职业技能竞赛的要求。职业技能大赛作为我国职业教育的创新，是各职业院校展示教学成果的重要形式，也是各级教育主管部门评价职业院校教学质量的重要参考，它对职业院校的教学具有明确的导向作用，在一定程度上产生了积极的社会效应。

　　近几年，北京财贸职业学院承办和参加了国家级、北京市级的物流职业技能大赛。

　　2010年5月，北京财贸职业学院成功承办了北京市物流技能大赛，大赛以物流业的核心技术——储配方案的设计与执行为背景，按照实际工作过程，编排竞赛过程。本次物流技能竞赛共有北京市11所高职院校的22个团队参赛，北京财贸职业学院信息物流系有4支队伍12名参赛选手代表学院参赛。

　　2010年6月23—26日，北京财贸职业学院代表北京市参加了全国职业院校技能大赛（高职组）"中诺思"杯"现代物流——储配方案的设计与执行"赛项，历经"4个小时方案设计""100分钟的方案执行"两个竞赛环节，在全国63个参赛代表队中，表现优异，获得大赛一等奖。

　　2010年12月23—26日，由中国就业职业技术指导中心、中国商业企业管理协会主办，由北京洛捷斯特科技发展有限公司、北京财贸职业学院等承办的全国物流职业技能竞赛在北京财贸职业学院圆满落下了帷幕。经过北京赛区的层层选拔，北京财贸职业学院的两支参赛队伍杀入全国总决赛，经历了赛前的积极准备、刻苦磨练，赛中的沉着应对、通力配合，最终10名参赛队员以优秀的专业技能和默契的团队协作能力取得了一等奖的优异成绩。

　　2012年北京财贸职业学院主办了北京市高职院校物流技能大赛，同时参加了教育部全国职业学校（高职组）技能大赛——"现代物流储存与配送作业优化设计和实施"，并再次取得了一、二等奖的优异成绩。

　　良好成绩的取得是学院在国家职业教育政策的指导下，一直把提高教学质量作为重点，以服务行业、企业发展为宗旨，以就业为导向，积极推进教育教学改革的结果；是学院建立以提高教育质量为导向的管理制度和工作机制，把教育资源配置和学校工作重点集中在强化教学环节、提高教育质量上的结果；是把改革创新作为课程开发的强大动力，改革教学内容、方法、手段的结果。

学院示范校建设和职业技能大赛推进了学校与行业企业的深入合作，促进了学院整个教学培养体系的改革，进一步优化了"干中教、干中学"的教学方法和手段。物流管理专业创新地进行了以"学赛一体化"为核心的课程开发和实践，形成了自己的理论体系并经过实践的验证取得了良好的效果。"以赛促教、以赛促学、以赛促改"培养了一大批物流行业急需的高素质技能型人才。

本书包括两大部分，第一部分为基础理论篇，重点对"学赛一体化"课程的本质内涵进行了阐述，并结合物流大赛对"学赛一体化"的课程体系建设过程进行了研究。该部分内容主要包括概述、国内外课程的开发现状、"学赛一体化"课程内涵研究、"学赛一体化"课程体系开发、"学赛一体化"课程标准、"学赛一体化"课程教学设计研究、"学赛一体化"课程校企合作研究、"学赛一体化"课程开发保障制度建设研究、我国职业院校技能大赛的发展与思考、储配业务综合实训项目设计。

第二部分是综合实践篇，重点是结合"仓储配送中心布局与管理"课程中的仓储与配送中心布局优化、仓储配送中心综合业务实训进行教学设计、教学评价和校企合作。实践部分的任务主要是依据物流大赛评价指标，按照"学赛一体化"课程的建设思路，体现"教、学、做、赛"为一体的设计精神，由个人或者小组自主研究性学习，将"工"与"学"紧密结合，在做中体现创新、严谨、责任和诚信的素养，在做中培养综合的职业能力。

由于笔者重点讲授与仓储有关的课程，并指导学生参加大赛，所以本书中的内容和案例主要以仓储配送内容为主。

本书也是笔者在国家示范校建设过程中，作为课程建设负责人带领教学团队进行研究的成果。此成果的取得，首先感谢北京财贸职业学院原院长王茹芹教授，她在备战物流大赛的过程中为我们提供了指导和支持，每次聆听她对课程开发建设的先进思想，我都受益良多。其次感谢北京财贸职业学院院长王成荣教授，在他热情的帮助和鼓励、严格的要求和鞭策下，我才将压力变成了动力，顺利地完成本书的编著。我还要感谢在示范校建设过程中和大赛间与我一起拼搏奋斗的系领导和各位教师，是他们让我有这样的机会，是他们给了我一个自由的平台！此书的顺利出版得益于出版社编辑的大力帮助和其严谨的工作精神，感谢他们的辛勤付出。最后我要感谢的是我的家人，为了我他们克服重重困难，无怨无悔，谨以此书献给他们，表达我内心的歉意和感激之情！

鉴于编者知识和研究水平的局限，书中很多内容阐述得不够深入，同时难免出现不妥和疏漏之处，敬请指正。同时，如果您有好的意见和建议，非常欢迎与您与编者进行交流，编者的联系方式是 lizuoju@126.com。谢谢！

编 者
2019 年 6 月

目　　录

前言

基础理论篇 ··· 1

一、概述 ·· 1

 （一）研究意义 ·· 1

 （二）研究内容 ·· 1

 （三）研究方法 ·· 2

二、国内外课程开发现状 ··· 3

 （一）国外课程开发的机制与模式 ·· 3

 （二）国内课程开发现状 ·· 9

 （三）职业院校课程开发存在的问题 ··· 10

 （四）课程开发趋势 ·· 11

三、"学赛一体化"课程内涵研究 ·· 12

 （一）"学赛一体化"课程的含义 ··· 12

 （二）"学赛一体化"课程开发的理论基础 ······································· 13

 （三）"学赛一体化"课程开发的基本特征 ······································· 14

四、"学赛一体化"课程体系开发 ·· 15

 （一）"学赛一体化"课程体系开发的原则 ······································· 15

 （二）"学赛一体化"课程体系开发的程序 ······································· 16

 （三）"学赛一体化"课程体系建设 ·· 17

五、"学赛一体化"课程标准 ··· 24

 （一）基本原则 ·· 25

 （二）编制程序 ·· 25

 （三）主要内容 ·· 25

六、"学赛一体化"课程教学设计研究 ·· 32

 （一）教学项目设计 ·· 32

 （二）教学活动设计 ·· 37

 （三）教学评价设计 ·· 38

七、"学赛一体化"课程校企合作研究 ·· 40

 （一）校企合作的原则 ··· 40

 （二）校企合作的类型 ··· 41

 （三）校企合作的内容 ··· 42

 （四）校企合作的注意事项 ··· 42

八、"学赛一体化"课程开发保障制度建设研究 ···································· 43

 （一）保障制度建设的内容 ··· 43

（二）保障制度建设的注意事项 ·· 44
九、我国职业院校技能大赛的发展与思考 ·· 44
　　（一）大赛发展 ·· 44
　　（二）大赛的新特点、新变化 ·· 45
　　（三）未来开展职业技能大赛的思考 ·· 48
十、储配业务综合实训项目设计 ·· 48
　　（一）教学项目整体设计 ·· 49
　　（二）教学活动设计 ·· 50
　　（三）教学方法设计与教学环境 ·· 53
　　（四）教学评价设计 ·· 54

综合实践篇 ·· 55

项目一　配送中心布局识读 ·· 55
　　任务1　识读现场布局 ·· 61
　　任务2　绘制现场布局图 ·· 63
项目二　入库作业方案设计 ·· 67
　　任务1　物动量计算 ·· 73
　　任务2　制定货物组托示意图 ·· 79
　　任务3　绘制上架存储货位图 ·· 88
　　任务4　就地堆码存储区规划 ·· 95
项目三　出库作业方案设计① ·· 100
　　任务1　客户优先权分析 ·· 105
　　任务2　订单有效性分析 ·· 109
　　任务3　制定库存分配计划表 ·· 116
　　任务4　制订拣选作业计划 ·· 122
　　任务5　绘制月台码放图 ·· 132
　　任务6　车辆调度与路线优化 ·· 135
　　任务7　配装配载方案制作 ·· 140
项目四　仓储综合业务实训 ·· 145
　　任务1　地牛及叉车实训 ·· 146
　　任务2　入库实训 ·· 151
　　任务3　出库实训 ·· 154
　　任务4　综合业务实训 ·· 158
附件1　部分参考答案 ·· 169
附件2　现代物流——储配方案的设计与执行简介 ·· 176

基础理论篇

一、概述

（一）研究意义

1. 全面落实北京市"十二五"教育规划

《北京市"十二五"时期教育改革和发展规划》明确提出要构建有利于提高学生学习能力和就业选择的职业教育课程体系，校企合作共同开发专业课程，探索专业设置与职业岗位（群）相对应，专业教学标准与职业标准相衔接，教学内容与工作任务相融合，学习过程与工作过程相联系，理论与实践一体化教学的职业教育课程体系。结合区域经济发展和产业升级要求，探索工学结合、校企合作的课程开发新模式，是实现"十二五"教育规划目标的重要途径。

2. 全面提升职业教育质量

提高职业教育质量已是当前我国高职教育发展的重心，职业教育已经走到以内涵提升、特色立校、质量决定生存发展的关键阶段。其中，提升课程开发的质量，建立适合学生的课程体系，是向教育质量内涵纵深发展的重要保证。"学赛一体化"课程体系的开发对增强学生学习积极性，改变教师与学生间的博弈现象，改善课堂生态环境和增强课堂吸引力，促进学生全面发展起着重要的作用。

3. 增强教师综合能力

高职教育作为高等教育发展的一种形式，其发展水平的高低取决于教师的水平、能力和素质。教师的综合能力体现在课堂教学与管理、课程设计与实施等方面。开发面向院级、市级、国家级甚至是世界级的职业技能大赛的课程可以真正检验教师的能力。这个实践的过程对教师综合能力的提升具有十分重要的促进作用。

4. 提高学生综合职业技能和职业素养

学生综合职业技能的提升和良好职业素养的养成是在实践中实现的，即是在"做中学""工学结合"的教学实践中实现的。"学赛一体化"课程的开发思路就是以学生为主体，以教师为指导，以比赛为主线，通过不同项目的设计与实施让学生从中掌握分析问题和解决问题的能力，培养学生的团队协作和良好沟通的综合职业素养。

（二）研究内容

"学赛一体化"课程体系的研究内容包括国内外课程开发现状、"学赛一体化"课程内涵研究、"学赛一体化"课程体系开发、"学赛一体化"课程标准、"学赛一体化"课程教学设计研究、"学赛一体化"课程校企合作研究和"学赛一体化"课程开发保障制度建设研究这几个方面。

1. 国内外课程开发现状

阐述国外课程开发机制与模式。国外常见的课程开发机制有中央集权机制、地方分权机制和学校自主机制三种基本类型。课程开发模式有目标模式、过程模式、实践模式和情境模式四种类型。我国职业教育在改革发展过程中，借鉴国外好的做法，形成了学科系统化课程开发模式、职业分析导向式课程开发模式、模块式技能组合课程开发模式三种类型。

2. 课程内涵研究

研究"学赛一体化"课程开发的含义、理论基础和基本特征。"学赛一体化"课程含义中包含环境、目标、项目与任务、教师与学生、考核评价五个元素。建构主义理论、情景学习理论等是该课程开发模式的理论基础。其具有"三环境、两内容、两课堂、三角色"的基本特征。开发"仓储配送中心布局与管理""运输配送路线优化""国际货代业务流程设计""物流管理信息系统"四门"学赛一体化"课程体系。

3. 课程体系开发

在人才需求调研的基础上，以"校企合作、工学结合"为思想引领，按照"产学一体，学赛一体"人才培养模式的要求，依托战略合作企业，融合社会资源，体现产学研一体；借鉴企业运行机制，校企共建实践工作室，实现实境再现；强化教学实践性，形成进阶式课程体系，实现能力递进。

4. 课程标准

主要研究课程标准制定要遵循系统性、针对性、一致性、适应性和实用性原则。编制程序需要企业调研、初稿编写、专题讨论、组织实施和修订完善几个环节。课程标准包括课程概述、课程目标、课程内容与要求、实施建议四个部分。

5. 教学设计研究

研究"学赛一体化"课程开发的主要内容，主要有教学项目设计、教学活动设计和教学评价设计。研究了各部分的设计原则、设计内容、设计过程以及注意事项等。

6. 校企合作研究

校企合作开发课程是提升教学质量的必经之路。本部分研究了校企合作进行课程开发所遵循的原则，校企合作的类型、内容以及校企合作中需要注意的问题。

7. 课程开发保障制度建设研究

课程开发需要制度保障来顺利实施，其研究内容具有全面性、复杂性和系统性特点，主要包括相关政策制定和建立评价标准两个方面。

（三）研究方法

1. 文献研究法

从网络、媒体和书籍中研读有关课程开发的先进经验和做法，特别是国外课程开发的模式、特点和理论基础，制订研究方案、方法和步骤，指导研究工作的实施，提炼总结经验理论。

2. 比较法

研究国外课程开发的模式与特点，结合我国高职课程开发的现状，对比分析国内外课程开发的区别与联系，探索我国高职物流管理专业"学赛一体化"课程开发的模式、特点与做法。

3. 调研法

"学赛一体化"课程建设是在校企合作的基础上进行的课程探索，通过企业调研和专家访谈，寻求物流管理专业核心岗位对应的核心业务技能和所要求的综合职业能力。

4. 案例分析法

"学赛一体化"课程开发需要企业的大力配合和协作，依据典型企业对人才的需求标准、培养目标和教学目标，通过校企合作开发课程，制订教学计划和考核内容，建立规范的管理制度，最终实现高素质技能型人才的培养。

二、国内外课程开发现状

国外的课程开发基本上是在国家政府规定的框架下完成的，有关课程开发的模式，每种类型都有自身的特点。而我国高职课程的开发模式是随着经济和社会的发展而形成的。

（一）国外课程开发的机制与模式

1. 国外课程开发机制

课程开发机制是指在一定的环境体制下，实现和完成课程开发所规定的课程编制、实施、管理与监督等内容。国外常见的三种基本类型的课程开发机制，即中央集权机制、地方分权机制和学校自主机制。

中央集权机制就是指中央教育行政部门或其代理机构作为课程开发的主体，通过国家权力负责对中小学课程进行统一的研究、编制和推广，学校的课程计划、课程标准甚至教学材料和考试要求都有统一的规范。如法国、俄罗斯、韩国就是由国家统一开发课程。

地方分权机制的课程开发也是集权机制的一种形式，区别是主体变为地方教育行政部门，并强调地方或社会发展的现实和要求。它依据当地的政治、经济、文化、民族等发展需要而进行课程开发。美国是地方分权机制的典型代表。各州教育行政部门制定全州课程的一般标准、毕业规定，以及给地方学区提供各项必要的资源。

学校自主机制是以学校教师为主体，在执行中央和地方教育行政部门规定的课程体系的基础上，在一定范围内自主开发学校课程，其所依据的思想基础属于以人为本的教育思想，强调的是个别差异的适应性问题。美国的私立学校课程开发机制就属于此种类型。

不难发现，各国的课程开发机制并非是单一的，大多数国家都是采取三种机制中的多种形式，最后形成一种主导和辅助相结合的课程开发机制。无论采用什么形式的开发机制，只要适合本国国情和实际，就是最好的运行机制。

2. 国外课程开发模式

所谓模式就是把解决某类问题的方法总结归纳到理论高度从而形成方法论。课程开发模式就是解决课程开发问题的理论指导方法。国外常见的课程开发模式有目标模式、过程模式、实践模式和情境模式。

（1）目标模式。目标模式的基本原理可以简化为四段渐进式的课程开发模式，即确定目标、选择学习经验、组织学习经验、评价这四个阶段，四个阶段是一个循环往复、周而复始的过程。该模式的特点一是可操作性强，每一个具体问题都提出了具有指导性的原则、步骤、要求和程序；二是具有开放性，通过评价搜集利用各种信息，及时地改进和完善课程；三是目标性明确，从学生、社会生活、学科专家三个目标源来确定作为课程设计核心的行为目标。

（2）过程模式。过程模式的理论基础是知识及其教育本身具有内在的价值，无需通过教育的结果来加以证明。课程开发的主要任务是选择知识和活动内容，建立关于学科的过程、概念与标准等知识形式的课程，并提供实施的"过程原则"，即鼓励教师反思课程与教学实践，充分发挥主体性。该模式的特点一是教师是课程开发的主体，学生是学习的积极者；二是对过程、具体情境进行诊断，属于形成性评价。过程模式的设计程序是设定一般目标－实施有创造性的教学活动－论述－评价教学活动引起的结果。

（3）实践模式。实践模式包括教师、学生、环境和教材四个要素，彼此间相互作用。教师和学生是课程的主体和创造者，而学生是实践性课程的中心。该模式的特点一是强调课程的终极目的是"实践兴趣"，尤其是学生的兴趣和需要，把学生和学习群体置于研究的中心；二是强调课程开发的过程与结果、目标与手段的连续和统一；三是强调通过集体审议来解决课程问题，即以学校为基础成立由校长、社区代表、教师、学生、教材专家、课程专家、心理学家和社会学家等组成的课程集体，对课程问题进行审议，以避免课程方案脱离具体情境，确保其平衡性。

（4）情境模式。情境模式是一种更为综合的模式，主要由环境分析、目标制定、计划制订、实施、评价反馈与改进五部分组成。情境模式被视为融合了目标模式与过程模式的基本原理和方法的综合化的课程研制理论。该模式的特点一是现实性，即在全面、动态、系统地考虑特定环境的基础上，紧密结合当地的社会、经济和文化等因素；二是可塑性，课程内容方法与途径具有弹性和适应性，操作过程可以从任何一个部分开始，也可以几个部分同时开始。

3. 几种国外课程开发模式

（1）模块式技能培训（Modules of Employable Skills，MES）。MES 是针对职业技能培训的模块化课程模式，是由国际劳工组织制订的课程开发方案，他们认为一个技能型工作或工作任务可以按其工作步骤划分为不同的模块，通过模块的叠加可以完成这一工作任务。该课程模式的理论基础是系统论、信息论、控制论，其主要概念包括职业领域（Occupational Area）、工作场（Field of Work）、工作/工种（Job）、工作规范（Job Specification）、工作任务（Task）、技能模组（Modules of Employable Skills）、模块单元（Modular Unit）和学习单元（Learning Element）等。其课程开发流程是：首先，将某一"职业领域"的某一"工作情景"的某一"工作/工种"划分成若干个"模块"，并把它们按"工作规范"的要求和逻辑顺序排列起来，形成"技能模组"；其次，按"工作任务"的工作流程或者工作步骤确定"技能模组"中的每个"模块"；再次，按照心理认知（Cognitive）、精神行动（Psychomotor）及情感态度（Affective）几个方面，确定完成该"工作任务"所需的全部技能；最后，将这些"技能"再编写成相应的"学习单元"（教材）；实施教学时，按照单元、模块依次地进行学习与考核。该模式的局限是难以兼顾职业性与教育性，应用有限。MES 模式的概念体系及开发流程如图 1-1 所示。

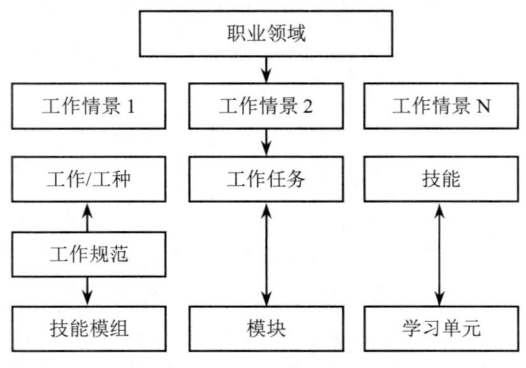

图 1-1　MES 模式的概念体系及开发流程

（2）以能力为基础的教育（Competency Based Education，CBE）。加拿大等北美国家的"CBE模式"是以能力为基础的教育指导思想和教育模式，广泛应用了DACUM课程开发方法。CBE课程开发模式以职业分析为起点，以能力为核心，课程设计采用模块式方案，重视学生的能力训练，理论知识传授以"必需、够用"为度，教学过程中强调发挥学生的主体作用。但是，CBE课程把能力看作一系列孤立的行为，忽视了真实职业世界中人们操作行为的复杂性以及智力性操作中判断力所担当的重要角色。CBE将单项能力组合成综合能力的方式忽视了工作的整体特性和经验成分，在工作分析后的教学分析过程中，又返回到了学科系统化的老路上；同时，将能力等同于技能或行为，只强调外在行为的变化，忽视内在能力和情感的变化。因此，CBE对课程开发的贡献主要是理念上的，缺乏实际操作价值。

其课程开发流程是：第一，分析社会职业，确定专业方向；第二，运用DACUM方法，进行工作分析，确定每项职业所需要的综合才能（一般每项职业8～12项综合才能）；第三，分析每项综合才能所需要的专项技能，并以此作为确定教学内容和教学方法的主要依据；第四，为专项技能制定相应的单元"模块（Module）"（不超过7个）；第五，任课教师根据每个单元"模块"的要求，制定信息单、作业单、技能单和评价单，并在课前发给学生。CBE模式的其概念体系及开发流程如图1-2所示。

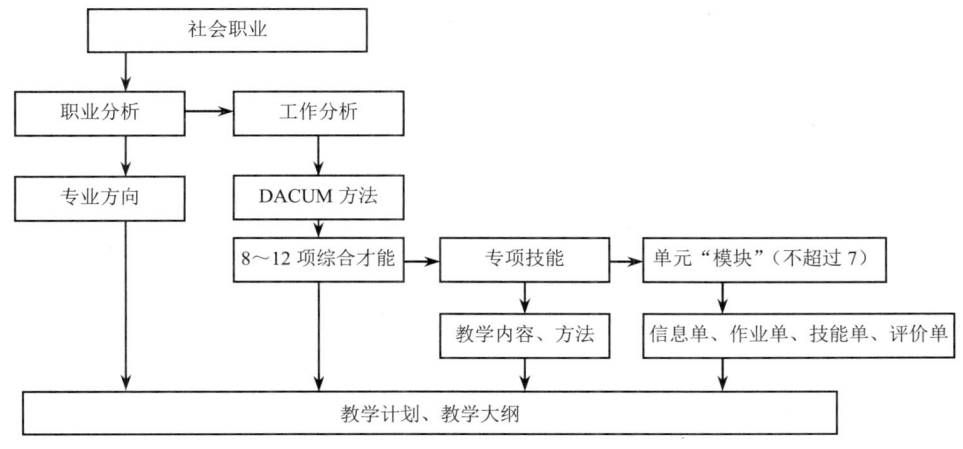

图1-2 CBE模式的概念体系及开发流程

（3）技术与继续教育（Technical And Further Education，TAFE）。"TAFE"模式是澳大利亚的技术与继续教育模式，该模式以为了满足行业能力标准而制定的培训包作为指导性材料对课程进行开发，并依据市场变化不断调整培训包，制定新的课程教学大纲。TAFE课程包括学徒制课程、技工、文凭及高级文凭等类型，并与国家资格证书对应，获得相应证书后可以从事某一层级的工作。

TAFE课程体系分为五个层次：第一层是联邦培训包，规定相关专业的能力标准和要求，包括能力标准、资格和评估指南；第二层是专业教学计划，由州教育部课程开发部门负责，贯彻培训包的每一项要求，形成课程，并提出实施计划；第三层是由州或学校开发的教学大纲，明确课程的教学内涵、要求等，一般涉及面广的教学大纲由州课程开发部门组织专门人员开发，以保证水准和质量；第四层是学习或教学指导书，州课程开发部门也参与开发，包括教学内容、教学方法、考核练习等；第五层是必要的教材，由学校依据指导书进行选择，供学生参考阅读。

TAFE 模式的概念体系及开发流程如图 1-3 所示。

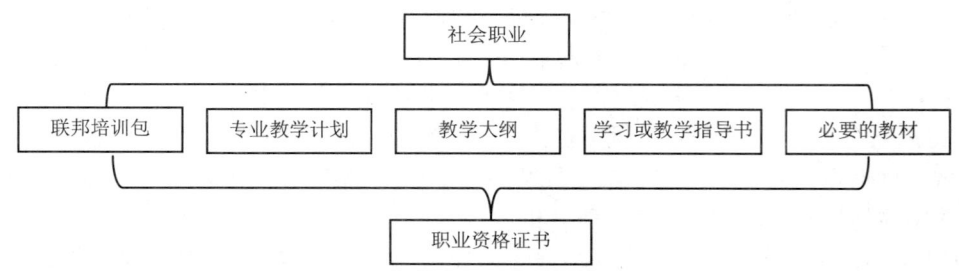

图 1-3　TAFE 模式的概念体系及开发流程

（4）双元制模式（Dual System Model，DSM）。基于校企合作的"DSM"课程开发模式是以企业为主体，力求把社会需求或企业需求与教育需求和个人需求结合起来的一种模式，在德国被称为核心阶梯式课程。该课程模式具有"三段式"的特点：第一年强调宽泛的职业基础，但不是普通文化课基础；第二年强调职业大类的内容，但不是专业大类的内容；第三年强调职业专门化，但不是专业专门化。这一模式的课程标准由德国联邦职业教育研究所开发。

开发步骤为"课程标准的制定—课程结构的设计—课程的实施"。核心阶梯式课程适用于所有有资质或有资格从事职业教育的企业。因此，"双元制"课程模式的运行以企业为主、学校为辅，而中国不存在这样的外部环境，缺乏"双元制"得以实施的课程开发平台和机制。DSM 模式的概念体系及开发流程如图 1-4 所示。

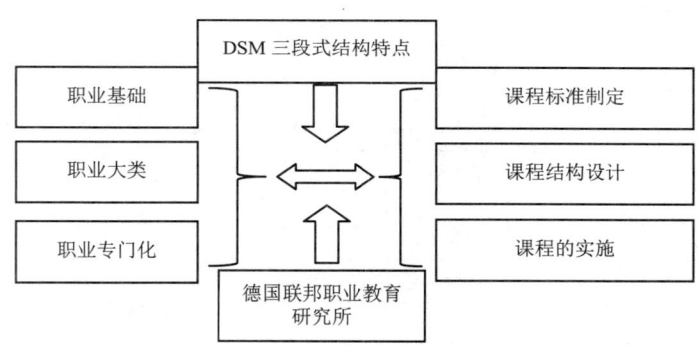

图 1-4　DSM 模式的概念体系及开发流程

（5）学习领域课程模式（Learning Field Curriculum Model，LFCM），也称为工作过程导向的课程模式。学习领域是一个由学习目标描述的主题学习单元，由能力描述的学习目标、任务陈述的学习内容（就是完成一项工作的若干个工作步骤，它们按照实践逻辑排列起来，就是一个完整的工作过程）和总量给定的学习时间（基准学时）三部分构成。每一培训职业（即专业）课程由 10～20 个学习领域组成，每一个学习领域都针对一个典型的职业工作任务。组成课程的各学习领域之间没有内容和形式上的直接联系。课程开发采用了针对工作过程的职业工作任务分析法——BAG 分析法，有利于培养学生的综合职业能力。

开发程序是：首先，运用 BAG 法分析职业工作过程；然后，确定并描述职业行动领域；再次，转换并描述学习领域；最后，将学习领域具体化为学习情境。在采用学习领域课程模式进行教学的时候，需要设计学习性工作任务作为实现学习情境的载体，并按照"资讯—计划—

决策—实施—检查—评价"这个行动过程组织教和学的过程。LFCM 模式的概念体系及开发流程如图 1-5 所示。

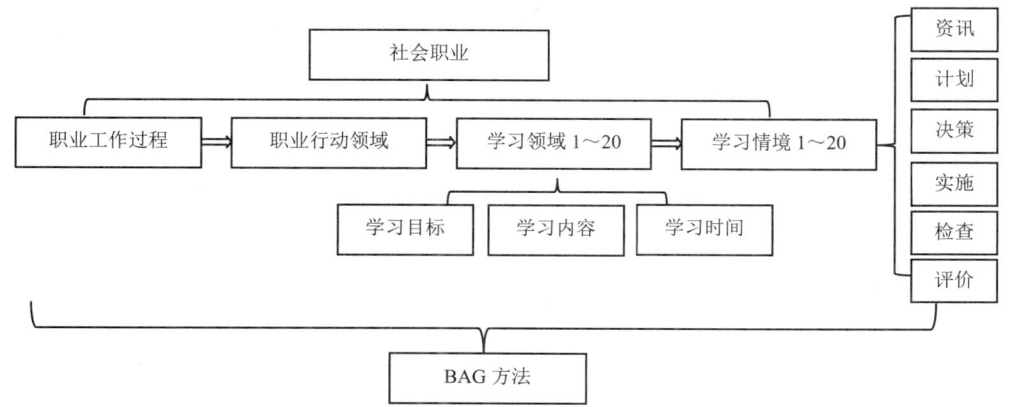

图 1-5　LFCM 模式的概念体系及开发流程

（6）英国商业与技术教育委员会（The Business and Technology Education Council，BTEC）。BTEC 是英国权威职业资格考试和颁证机构，其教育哲学理念是"以学生为中心"，主要任务是课程的开发、教学大纲的编写及国家职业资格证书的颁发。从事 BTEC 课程开发的人员中，有三分之二来自企业界。教学大纲和课程标准是根据雇主协会提出的职业资格标准，集行业专家和课程专家智慧而成，其包含专业能力目标 4~5 项，并设计相应的课程内容和教学方法。该模式把职业岗位要求作为课程开发的基础和逻辑起点，将通用能力和专业能力一起列入教学目标，强调通用能力的培养。其采用的是模块化的课程结构。其教学大纲是根据雇主协会提出的职业资格标准拟定的，集行业专家和课程专家的智慧为一体。课程管理采取弹性选课和学分制。BTEC 课程模式主要通过课业评价来考查学生能力。BTEC 要求每门课程安排 3~5 个课业，综合 BTEC 学生各门课程的成绩，经内审、外审和 BTEC 总部的严格审核合格后，发放毕业证书。BTEC 模式的概念体系及开发流程如图 1-6 所示。

（7）胡格课程开发模式。胡格模式是以培养受教育者成为一名具有独立人格并在团队条件下能有效完成工作任务的人为目标，以行动导向为基本教学原则，逐步实现理论和实践紧密结合的教学模式。胡格模式一切的出发点都认为学生的综合能力不是教出来的，教阻碍了学生的学习。教师通过教学组织，系统设计教学内容，采取项目教学体系（放弃学科体系），应用灵活的教学方法，充分调动学生的学习参与性，以使学生成为一名具有独立人格并在团队条件下能有效完成工作任务的人。另外，教学团队要形成整体育人风格，充当教练角色，具有观察、指导和伴随学生成长的能力。

胡格模式课程内容的开发是基于双元制和行动导向的学习领域课程开发思路，从调研物流相关企业的不同岗位出发，按照行动领域划分，提炼针对岗位典型的工作任务所必备的职业素养和专业能力，总结设计成不同的学习领域，如学习领域名称可以为：评价仓库的经济性，将其应用于仓库规划；货物运输和交付时障碍和受损处理及预防措施等。企业实践是职业教育课程开发的逻辑起点。

具体的学习领域包含多个项目，通常用学习情境表示，如同教材的每一章，在起始部分，会说明所要实现或者训练的专业能力和非专业能力。项目难易具有梯次上升或者螺旋上升的特点，每一个项目又包含多个具体的学习任务。学习任务的设计包含理论与实践。理论部分的设计采取不同的教学方法，如关键词法、轴承法、画海报法、巡视法等体现以学生为核心的设计理念，目的是增强学生自主学习的主动性和提升学生的沟通、协作、表达等非专业能力。实践部分的教学设计主要是通过小组设计与实施方案，具体是在完成某一项工作的过程中所表现出来的职业性和专业性，也是专业能力和非专业能力的训练。

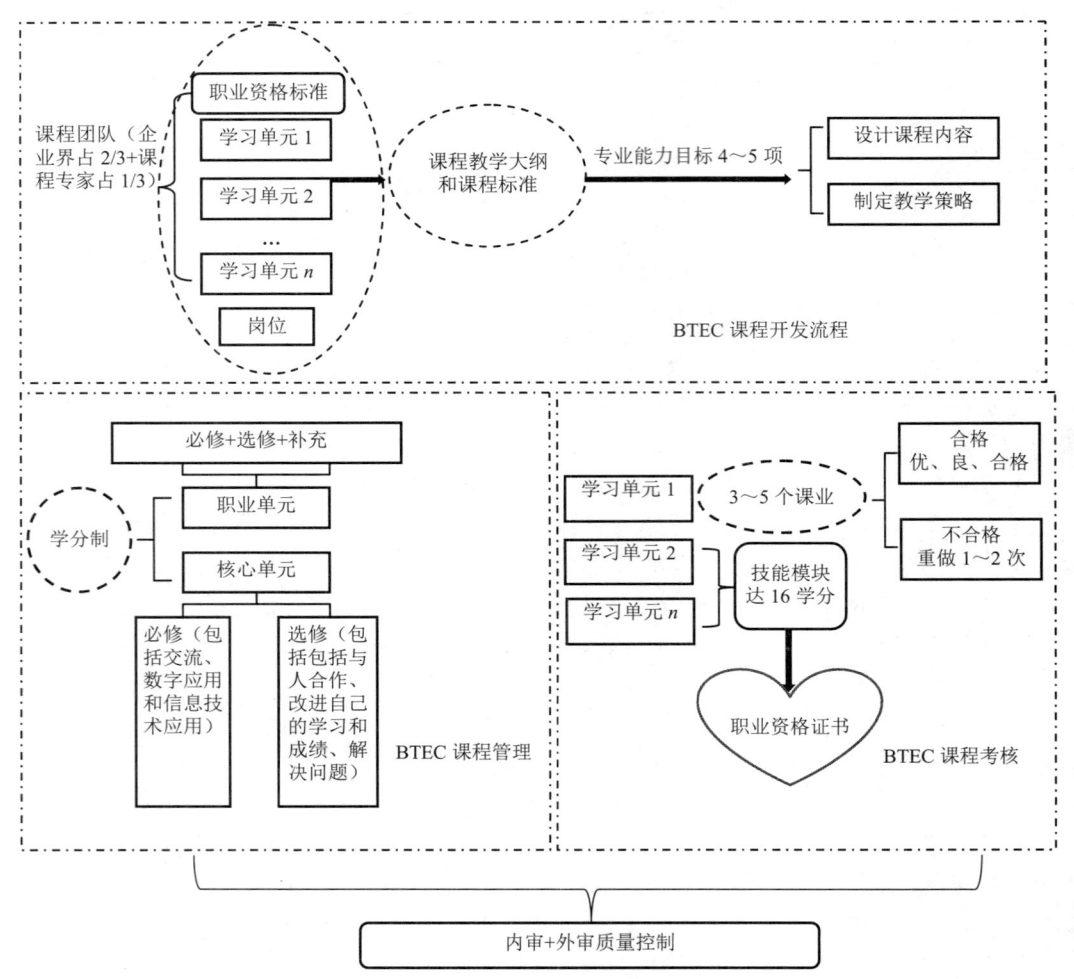

图1-6　BTEC模式的概念体系及开发流程

考核部分的设计包含理论和实践两部分。理论部分基本上是客观题。实践部分体现出一定的综合性和小组间的协作性，特别是完成任务过程中体现的职业性和专业性。实践证明，大赛是检验学生综合职业能力最有效的方法。

在整个开发过程中，企业的全程参与是完成项目的核心。而教师的内容提炼和教学设计能力是关键，直接影响到教学的效果，特别是教学方法的设计有效与否是教学成败的关键。学生的积极参与和配合则是教学目标达成的重点。

胡格模式概念体系及开发流程如图1-7所示。

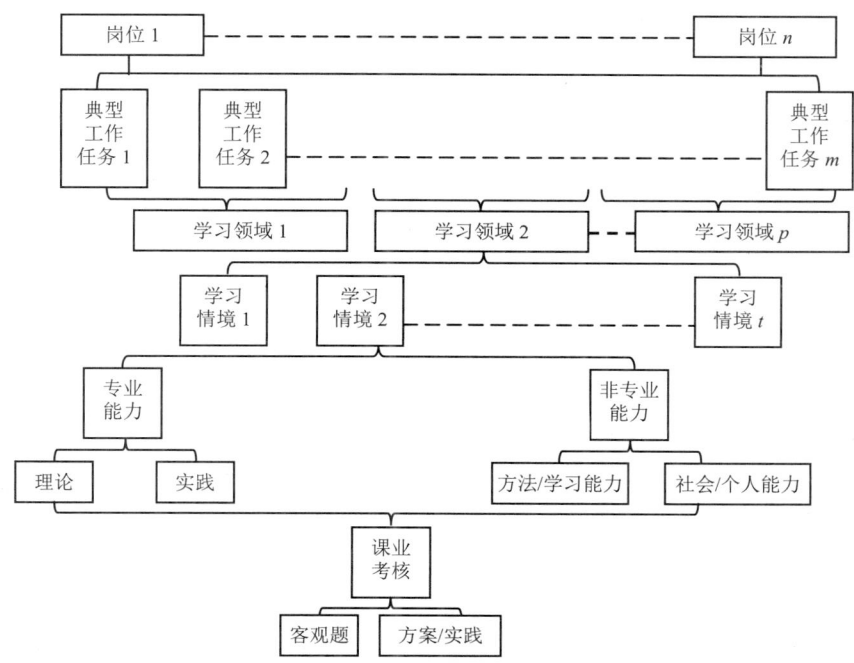

图1-7 胡格模式的概念体系及开发流程

以上几种课程开发模式都适应了当时的环境，随着经济和社会环境的变化而变化，具有与时俱进的特点。与课程开发体制一样，我们可以从中汲取有益于课程开发的好做法、好经验，不需要局限于思维定式，只要适合我们当前社会的发展和高技能人才的培养需求就是好的模式。

（二）国内课程开发现状

课程开发模式如下所述。

伴随着我国经济的发展和企业对高素质技能型人才的大量需求，政府出台了许多政策，也采取了许多措施，在质量和规模上尽可能满足我国各行各业对职业技能型人才的需求。最突出的是政府出台建设100所国家示范院校和100所骨干院校的政策，极大地促进了我国职业院校在人才培养模式、师资队伍建设、实训室建设和校企合作等方面的改革和创新，通过"引进来、走出去"，采它山之石，并结合自身的区域经济特色，形成了一些典型的模式，特别是在课程开发方面，各职业院校更是百家争鸣，百花齐放，取得了突出的成果。目前，我国职业院校课程开发的典型模式有学科系统化课程开发模式、职业分析导向式课程开发模式、"宽基础、活模块"课程模式、以实践为导向的项目课程开发模式和以工作过程为导向的课程开发模式等。

（1）学科系统化课程开发模式。此模式建立在专业学科基础之上，以学科为中心，强调知识的系统性和完整性，以知识传授为基础，易于学校组织教学和课程评价，也称为"三段式"课程模式，即将课程分为基础课、专业基础课和专业课三类，或分为公共基础课、专业基础课、专业课和专业方向课四类，是一种学科系统化的课程。其特点是文化、专业理论与实践课程并列，重视文化基础知识，实践课程是传统学术课程的附加环节，文化课、专业理论课、专业实践课各自系统化，先学理论，再学实践。其优点是学科逻辑性、系统性很强，有利于学习者建构知识体系，弊端是易出现重知识记忆轻知识理解，重知识结构的系统性，轻知识与实践整合的现象。

（2）职业分析导向式课程开发模式。职业分析导向的课程开发主要是借鉴了以能力为基础的 CBE 课程模式，通过职业分析归纳出职业岗位所需的技能点与知识点，形成课程的理论模块与实践模块，并且实践模块不再附属于理论模块甚至超越理论模块。该模式的特点一是课程开发的目的是提高学习者的能力，突出了职业能力的培养；二是以培养应用型人才为课程开发的出发点。但问题是，模块课程虽然提升了对学生实践能力的重视程度，但在理论课程上简单增加实训课程的方法，并未真正解决"三段式"课程中理论与实践脱节的根本问题，反而忽视知识的系统性和完善性，学生仍然无法将理论转化为实践。

（3）"宽基础、活模块"课程模式。"宽基础、活模块"课程模式是在借鉴双元制、CBE、MES 等模式的基础上研发的课程模式。该模式由"宽基础"（关键能力培养）和"活模块"（从业能力培养）两段构成，"宽基础"阶段的教学内容集合了相关专业所需的知识和技能，包括文化课、专业理论课和通用技能课，主要任务是培养学生的职业兴趣与发展能力，拓宽学生的职业视野以应对职业的更新换代，为转岗和继续学习奠定基础；"活模块"阶段是选好模块后进行就业岗位的针对性训练，课程内容具有较强的定向性与应用性，强调以"问题为中心"的课程综合化。但在本质上，"宽基础，活模块"仍属于模块课程，只是对单一职业能力培养课程目标的改良，二者都没有脱离学科系统课程开发的藩篱。

（4）以实践为导向的项目课程开发模式。该模式是以工作任务为课程设置与内容选择的参照点，以项目为单位组织内容并以项目活动为主要学习方式的课程模式。在设计上解构了传统的学科课程模式，在理论层面上有效探索了目标、组织与实施等问题，受到了部分地区院校的欢迎。但该模式的实施需要高素质复合型的师资队伍和较好的实训教学条件，需要学校与企业之间的密切合作，因此，难以大范围的试验与推广。

（5）以工作过程为导向的课程开发模式。该模式是以认知心理学为理论支撑，以工作过程所需知识为基础选择课程内容，以工作任务为学习形式，以"六步法"为教学步骤，以使学生获得经验性质的工作知识和完整的职业能力为教学目的，具有由易到难递进的学习情境教学设计，是培养可持续发展能力和创新能力的课程模式。其优点在于吸收了模块课程的灵活性、项目课程的一体化特点，具有整体性和系统性的普遍规律，且将"决策"和"评价"两个反思性思维过程纳入教学环节，提高了学习者课程学习的自觉性和能动性。但该模式的弊端一是与工作任务匹配的教学情景单一，无法体现真实的企业复杂环境；二是对教师能力要求较高，同时需要企业全程参与，在实施上有一定难度。

因此，从以上研究可以看出我国职业教育课程开发在理论上实现了从以学科系统化为导向到以工作过程为导向的转变，从强调以知识为中心转向以学生为中心，为提高职业教育人才培养质量提供了有力的内容保障。但课程开发研究过程中往往是经验的学习与总结，课程开发停留在案例开发的层面，没有形成科学的课程开发逻辑体系。

（三）职业院校课程开发存在的问题

1. 实践调查不够

实践调查不够的表现有三个方面。一是与企业的关系不紧密，即在课程开发的过程中，一些教师闭门造车，或者对企业深入不够，不了解企业的实际，只在理论知识方面下功夫，有的虽然口头上说与企业结合紧密，但实际上仍是自己单打独斗；二是就企业对人才的需求特点和新变化把握不够，制定的人才培养目标和计划与实际需求差距较大，出现学生毕业就是失业的现象;三是从企业中间提炼的工作任务不够典型,也就是说调研企业的数量不够,教学后的工作任务不具有典型性,无法达到人才培养目标的要求。

2. 目标实现不够

企业的发展和需求是随着市场和需求环境的变化而变化的,这就意味着企业业务需要更新,管理需要提升,制度需要规范,人才需求规格也会随之变化。人才需求的多样性,致使高等院校的人才培养目标、课程开发、实训环境要随着市场的变化而变化。就职业院校而言,目前,很多学校实现不了所制定的培养目标,培养的学生不是企业所需要的高素质高技能型人才。

3. 思想认识不够

课程开发是职业院校教学的核心,目前部分职业院校对此在思想上认识不够,体现在四个方面。一是教师的惰性,很多职业院校教师觉得课程开发是件费时费力费钱的苦差事,便安于现状,抱着一二门课吃一辈子的懒惰想法;二是觉得课程开发属于高技术高难度的工作,应该是上级政府部门的事情,不属于普通教师的工作范畴,教师只负责讲课就可以了;三是对课程开发的真实用意和方法认识不清楚,很多教师在课程开发过程中,以为对教学内容的删减就是课程开发,完全忽视了知识的系统性和学生认识的层次性;四是出现一些低层次的"挂羊头卖狗肉"的情况,很多教师仅仅是把章节改为项目、任务就以为是课程开发。

4. 教师能力不够

对于高等职业院校,教师是职业教育发展的核心力量,只有教师的能力提升了,我国的职业院校才有希望。经过这几年我国大步伐的走出去引进来,很多教师开阔了视野,对职业教育课程开发的认识有了很大的提高,但是不可回避的是,目前我国很多教师课程开发的能力距离合格的标准有一定的差距,虽然热情很高,但限于能力不足,最后只能导致课程开发质量不高。

5. 团队配合不够

课程开发属于创新性的工作,不是一个人所能完成的,它需要信息技术、设备、管理技术等多方知识的配合。如今,我国很多职业院校是教研室单打独斗,或者负责课程讲授的一、两个教师组团来进行课程开发,如果这样的团队能力再不高,那效果就可想而知了。院校或者相同专业的教师和企业才是进行课程开发的团队和主体。

(四)课程开发趋势

《国家中长期教育改革和发展规划纲要(2010-2020 年)》强调职业教育要面向人人、面向社会,着力培养学生的职业道德、职业技能和就业创业能力。同时要求,在教学体系中,构建课程标准与职业资格标准相融合、理论与实践教学一体化的职业教育课程体系。课程开发的方向有以下三点要求。

1. 培养良好的职业素养

我国早就有"育人为本、德育为先"的教育思想,将职业素养的教育进行课程化,放在课程开发的首位,是培养合格的高素质技能型人才的核心。北京财贸职业学院以"爱心、诚信、责任、严谨、创新"五个版块的课程为素养教育的载体,开创了职业素养教育培养课程化的先河,具有一定的推广性。

学生良好的素养教育培养还应该与专业课程的学习和实践紧密结合，即在课程开发过程中，要在教学项目的设计、教学过程的设计、学生学习过程与结果的考核和学习小组组员间的协作等方面进行考虑，将素养教育融入整个学习过程。

2. 培养较强的学习能力

学习能力就是学习的方法与技巧，是所有能力的基础，其大小决定了一个人未来竞争力的高低。较强学习能力的获得需要教师的指导并且需要通过较多的活动去观察、体验、总结和内化。

课程开发需要注重学生学习能力的提升，帮助学生掌握有效的适合自身发展的学习方法和技巧。这就要求教师在开发过程中要重视教学内容的选取、教学活动的设计和教学结果的总结。

3. 培养综合的专业技能

综合的专业技能体现在教师通过各种教学方法的应用，使学生理解所学理论知识，具有应用理论知识进行分析、优化、设计和解决实际问题的能力，同时具有较熟练的业务操作处理、设备安全使用和一定的设备维护维修能力。

要实现综合专业技能的培养，在课程开发方面就需要与企业紧密结合开发出能反映企业关键业务的课程，同时需要建设对应的教学环境，企业专家和专职教师联合教学，以项目为导向，以任务为驱动，以比赛为教学组织方式，采取校企共同参与的过程考核与结果考核。

三、"学赛一体化"课程内涵研究

北京财贸职业学院信息物流系物流教研团队在学院课程开发思想的指导下，创新地探索出新的项目课程开发模式——"学赛一体化"课程开发新思路。该模式对提升学生职业能力、激发学生学习积极性和满足企业对人才素质的要求等都具有十分重要的意义，原因是它符合职业教育发展规律，能够激发学生兴趣，培养学生综合职业能力。该模式经过教学上的实践和教学方法上的创新，特别是经过国家级和北京市级的物流大赛的检验，效果显著。

（一）"学赛一体化"课程的含义

"学赛一体化"课程是指在一定的环境下，以培养学生良好的职业素养、社会能力和专业技能为目标，采取项目教学并以典型工作任务为驱动，由教师指导，通过小组自主学习，设计方案并实施，采取过程考核、小组间的比赛考核和教师的教学考核相结合的教、学、做、赛一体化的实训课程。该模式包含以下五种元素。

1. 环境

环境是从事"学赛一体化"课程开发的物质基础，是课程顺利实施的教学场所。这个环境可以在企业业务现场（模拟），也可以在学校的实训室。考察环境好坏以是否保证教学项目和任务顺利实施为依据，所以实训室内要配有一定的设备、安全设施、信息网络、商品（模拟）和布局图。对这些软硬件的要求是满足教学，适合自身条件。

2. 目标

目标是"学赛一体化"课程开发和建设的核心。该课程开发模式的目标就是培养学生有爱心、讲诚信、负责任、求严谨、重创新的职业道德，具有良好的团队协作、沟通能力和较强的分析问题、解决问题与学习、创新能力。这些能力的形成是通过每个项目和项目下的任务实现的，是在小组间的沟通交流、思维碰撞中获得的，是在实训环境里的实践中体验的，是在小组间的比赛中养成的。

3. 项目与任务

项目与任务是"学赛一体化"课程开发的主体。项目一般具有综合性的特点，项目间具有一定的连续性和可分割性。每个项目可以细分为多个任务，任务可以单独存在。项目与任务的开发需要企业和学校共同参与，并由教师将任务教学化。这个过程是动态的，需要多次修改完成。

4. 教师与学生

教师是课程讲授过程中的指导者，作用是指导学生解决在完成项目或者任务过程中所遇到的问题，而学生是课程学习的主体和实践者，按照各自扮演角色所要求的岗位职责发挥主观能动性去设计和实施教学项目或者任务。

5. 考核评价

考核是检验"学赛一体化"课程开发和实施效果的标准。考核方式和考核对象多样，有过程考核、结果考核和物流大赛，有对学生自身的考核，有组内和组间的考核，还有对教师的考核。

以上五个元素是"学赛一体化"课程所必须要具备的，缺一不可，彼此间互相作用，互相影响，共同形成"学赛一体化"课程的基本内容。

（二）"学赛一体化"课程开发的理论基础

"学赛一体化"课程开发所依据的课程理论有建构主义理论和情境学习理论等。

1. 建构主义理论

建构主义理论也被称为"结构主义理论"，该理论认为，学生对于知识的获取并非在教师的教学中得到，而是在自身与所处环境的相互作用下，通过顺应和同化的方式来获取知识，建构其属于自身的认知结构。作为学习主体，应该是存在于一定社会文化及经济文化背景下的人，在周边环境的影响下，借助各种工具或者手段，吸收相关信息，再经主观分析和推理，建构起独特的知识结构。相比较传统认知，建构主义更加强调学习主体的主观能动性，将学习看作一个认知不断发展的过程，或者说是经验积累的过程。因此建构主义理论认为"情境""协作""会话"和"意义建构"是学习环境中的四大要素，即教师要积极创设情境，鼓励学生进行协作与会话，引导帮助学生进行知识的意义建构。

在建构主义教学模式下，教学活动的主体是学生，教师应重点关注学生的需求，无论是教学内容选择还是教学方案设计，都应该充分发挥学生的主体作用和能动性，建构相应的学习情境。也就是说，教师不应该是知识的传播者，而应该是教学的组织者、引导者和参与者，帮助学生建构起完善的知识体系。

学生要成为意义的主动建构者，就要求学生在学习过程中发挥主体作用。要用探索法、发现法去建构知识的意义，在建构意义的过程中要求学生主动去搜集并分析有关的信息和资料，要把当前的学习内容和自己已经知道的事物相联系，并对这种联系加以认真的思考。

教师要成为学生建构意义的帮助者，要在教学过程中发挥指导作用，激发学生的学习兴趣，形成学习动机，通过创设情境和提示新旧知识之间联系的线索，帮助学生建构当前所学知识的意义。为了使意义建构更有效，教师应组织学生进行协作学习，并对协作学习过程进行引导，使之朝着有利于意义建构的方向发展。

在"学赛一体化"的课程模式中，理论与实践被作为一个整体来传授，因此传统的"告知式传授"教学已不适应当前高职教学的实际，而要以建构主义理论为基础，通过构建情境，开展协作和会话，达到意义建构的目的。

建构主义对本课程的指导有三方面的意义。一是倡导"工学结合"。目标的实现是在一定环境下，通过小组间的交流互动，进行方案的设计与实施，并体现"工学结合"的思想。同时，指导我们要设计能引导学生主动建构知识与技能的项目和任务。二是注重环境设计。环境是教学活动的物质载体，而适合教学的环境可以提升教学效果。三是强调团队协作。建构主义注重团队的协作，团队间头脑风暴式的探究和讨论对意义建构起着重要的作用。

2. 情境学习理论

情境学习理论的核心是个体与环境的相互作用和双向依赖，它的哲学思想是多元论或转换论，认为学习既是一个个体性意义建构的心理过程，也是一个社会性的、实践性的参与过程。个体与系统相互作用，共同构成一个动态的整体，而个体的心理活动以及环境都是该系统的构成成分。

情境学习理论认为，知识是基于社会情境的一种活动，而不是抽象的对象，知识不是静态的，而是动态发展的。在与具体情境互动的过程里，个体在脑海中不断地理解和运用知识，而且也在建构新的知识体系，从而改变过去的认知体系。关于学习，情境学习理论认为，学习的实质是个体参与实践，是与他人、环境等相互作用的过程，是形成参与实践活动的能力、提高社会化水平的过程。处于真实或准真实情境中的学习者，将自己所学的知识与自己脑海中已有的认知结构联系起来，在与他人或环境互动的过程中同化或者顺应新知识，形成新的认知结构。关于教学，情境学习理论认为，学习的实质是个体参与实践，而且知识和技能的掌握也要求新手充分地参与到共同体的社会文化实践中去。因此，在特定的情况下，学习者通过与他人和环境的互动活动来建构、掌握和应用知识。

"学赛一体化"的课程模式建立了以学生、项目情境、行动导向为中心的设计思想，在教学内容虚化、教学组织设计、教学方法选择、教学考核评价等方面体现了情境学习的理论内涵。

（三）"学赛一体化"课程开发的基本特征

"学赛一体化"课程开发的基本特征有以下四个方面。

1. 引入校企与大赛元素，搭建"学赛一体化"教学环境

"学赛一体化"的教学环境包括企业环境、大赛环境和学校实训环境。企业环境体现真实的企业工作氛围，按照企业规章制度的要求，在日常的工作中培养严谨、责任、创新、协作、沟通等职业素养，同时掌握和积累业务处理经验。大赛教学环境一般和学校的实训环境类似，在学校实训环境基础上稍加改进即可共通。大赛环境要求统一的规则要求，比赛的重点是职业素养、专业技能和团队的协作能力，要体现创新精神。无论哪种环境，适合"学赛一体化"课程的应该是校企合作共建的，体现企业文化、职业精神、比赛氛围的，能发挥学生主观能动性的教学环境。在北京财贸职业学院的大力支持下，物流管理教研室有约5000平方米的物流实训环境，依据仓储、运输、国际货代、物流信息技术四个核心岗位，引入企

业和职业竞赛,搭建了"学赛一体化"的教学环境,其中仓储教学环境在各级物流大赛中,发挥了巨大的作用。

2. 融合企业与大赛内容,开发"学赛一体化"课程体系

"学赛一体化"课程体系建设以培养物流基层主管为目标,依托仓储、运输、货代、物流信息技术四个岗位,按照职业能力递进规律,确定每个物流管理与业务岗位中的典型工作任务,以及完成工作任务所需的理论知识、专业技能、职业素养和其他能力等,同时引入大赛内容,进行基于项目和工作任务的课程设计,建设了包含"仓储配送中心布局与管理""运输配送路线优化""国际货代业务流程设计""物流管理信息系统"四门课程的"学赛一体化"课程体系。在项目或者任务设计的过程中,以"教、学、做、赛"为主线,任务的设计包括相关知识、任务解读、方案设计、方案实施、大赛考核这五个步骤。

3. 开办企业与学校两课堂,创新"学赛一体化"教学模式

教学课堂包括企业课堂和学校课堂。企业课堂的教学内容是教师和企业主管依据企业的实际情况共同制定的,满足课程培养目标,主要由企业专家负责教学,教师辅助。在企业课堂上,教师和企业专家一起设计比赛内容,通过不同的比赛项目检验学生的职业素养、团队协作能力、沟通能力以及业务能力。在学校课堂里,教师负责教学内容和考核评价标准的设计,通过大赛的环境、教学、考核等环节提高学生的综合能力。同时,依据内容运用不同的教学方法,如轴承法、案例教学法、滚雪球法等。

4. 吸引企业与师生共同参与,建立"学赛一体化"评价体系

校企合作是"学赛一体化"课程开发的重点,其中,校企共同制定考核标准,通过大赛完成对学生综合能力和职业素养的考核评价是"学赛一体化"课程的特色。考核标准的重心是评价学生在职业素养、团队配合、创新和业务技能等方面的表现,方法是每一项任务评价内容由专人按照统一的考核指标进行打分或者按照成本的大小来确定项目整体的表现情况。

四、"学赛一体化"课程体系开发

(一)"学赛一体化"课程体系开发的原则

课程开发是高职教育的核心,课程开发具有一定的原则,如系统性的原则、区域性的原则、综合性的原则和先进性的原则等,而"学赛一体化"课程开发在遵循这些原则基础上,也有一些自身更突出的原则。

1. 多元性原则

"学赛一体化"课程开发涉及多个方面。在校企合作方面有教学与实训内容的开发、有比赛考核的共同参与、有企业实训环境的共建;在师生方面有教师的教学内容设计、教学过程的监控与指导、考核标准设计,有学生的团队协作、团队间的竞争和学生的自主创新。在教学内容的设计方面还紧密结合国家物流职业资格证书的内容,以提升取证率。总之,"学赛一体化"课程的开发体现行业、企业、学校、教师、学生等多元性的特点。

2. 目标性原则

"学赛一体化"课程开发紧密结合区域经济特点,以培养物流基层主管为目标。通过"学赛一体化"课程体系的学习,学生在职业素养、社会能力、学习能力、就业能力和专业技能等

各方面都能得到一定的提高，特别是能学会学习，具有较强的分析和解决问题的能力，具有创新精神和团队精神。总之，"学赛一体化"课程的开发在人才培养目标、教学目标和未来发展等方面具有清晰的目标性原则。

3. 开放性原则

"学赛一体化"课程开发是随着区域经济的发展而发展的，合作的企业在数量和质量上也会随之发生变化和改进，同时，校企合作开发的内容、教学环境和评价体系也会随之更新，体现了"学赛一体化"课程开发的开放性原则。

4. 唯一性原则

高职教育是从职业出发，以就业为主的教育。"学赛一体化"课程开发进行的教学环境建设、内容开发、考核评价以及以学生为中心的自主学习和实训等都是围绕着培养就业所需综合职业能力来展开的，体现了唯一性原则。

（二）"学赛一体化"课程体系开发的程序

"学赛一体化"课程开发是以培养就业所需要的能力为核心的，它需要对以往反映职业能力的知识、技能、态度和经验进行重新的组合，按照"学赛一体化"的模式进行构建。一般的开发程序是：企业岗位调研—岗位职责及任务分析—典型工作任务与项目确定—核心课程的确定—核心课程体系的确定。

1. 企业岗位调研

选择典型的对区或经济发展贡献度较大、在本行业发展较好、能够深入配合学校进行课程开发的企业，从整个行业发展现状，典型企业发展现状，企业核心岗位类型及职责，所需的知识点、技能、素养等方面进行深入调研，可以采取专家座谈会、现场观察交流、问卷调查等形式。调研的结果是要获得核心岗位以及更高层次的岗位对人才需求的标准和规格，以此确定人才培养的目标。

2. 岗位职责及任务分析

根据调研的结果，组织企业专家、行业专家和教学专家进行评审讨论，并重点考虑企业专家的建议，结合学校自身的人才培养目标定位，通过头脑风暴法，对岗位职责和任务进行重点分析，筛选出反映岗位的核心职责及技能。

3. 典型工作任务与项目的确定

岗位典型工作任务反映该岗位的核心能力，只有掌握这些典型的工作任务，具备岗位所要求的职业能力，才能说是合格的员工。典型工作任务确定后，可以按照能力递进的思路对这些任务进行重排，并将不同的任务组合在一起，以形成典型的工作项目。

4. 核心课程的确定

核心课程在整个专业课程体系中居于核心地位，是合格专业人才必须要掌握的内容之一，与其他核心课程之间具有内在的、不可分割的有机联系，这些核心课程一起构成了专业的核心课程体系。

5. 核心课程体系的确定

课程体系是某专业为实现人才培养目标所设置的，由多门分工不同的课程所组成。核心课程体系属于课程体系的一部分，处于核心地位，在课程建设和开发的过程中，需要利用专门的技术和力量才可以确定，并且也是"学赛一体化"课程体系所要建设的内容。

（三）"学赛一体化"课程体系建设

如上所述，"学赛一体化"课程体系仅针对核心能力课程。北京财贸职业学院物流管理专业"学赛一体化"课程体系包括了"仓储配送中心布局与管理""运输配送路线优化""国际货代业务流程设计"和"物流管理信息系统"四门核心课程。这四门核心课程是面向首都经济区域发展现状，调研北京上百家物流企业，提炼总结的结果。

1. 人才培养模式

按北京市企业对高职物流人才的岗位需求，依据北京财贸职业学院培养基层主管的目标定位，物流管理专业岗位包括仓储配送部业务主管，物流运输部调度，国际物流部报检员、跟单员，信息管理部主管这四个岗位。训练三项职业能力，包括职业基础能力、业务操作管理能力和方案筹划设计能力。职业基础能力主要是对职业素养的训练和调查分析能力；业务操作管理能力包含仓储配送业务管理、物流运输管理、国际货代业务管理和物流信息技术管理能力；方案筹划设计能力包括仓储配送方案设计、运输路线优化方案设计、国际货运代理业务流程设计、物流管理信息系统方案设计等能力。同时，学院通过学生的物流管理专项技能展示、物流技能大赛表现和物流毕业设计方案来对学生进行全面考核，结合校内实训室和校外实训基地工学二课堂，通过任务驱动的教学项目设计，设置三证书（毕业生证书、技能证书和商贸素养证书）能力培养体系，即"4323"职业能力培养体系。

在具体实施过程中，北京财贸职业学院与企业一起探索了现代学徒制人才培养模式。现代学徒制是通过学校、企业深度合作，教师、师傅联合传授，对学生以技能培养为主的现代人才培养模式。

2. 专业人才定位

物流管理专业人才定位是面向首都现代物流服务业，培养具备良好职业素养，熟悉物流业务流程，掌握物流操作技能，能够运用信息技术进行物流业务管理的高素质技能型人才。就业岗位是仓储配送岗位群、物流运输调度岗位群、国际物流岗位群和信息管理岗位群等。

3. 课程体系建设

课程体系建设按照职业能力递进规律，确定每个物流管理业务中的典型工作任务，以及完成工作任务的核心能力，支持核心能力的专业理论知识、专业技能、职业素养和其他非专业能力等，来进行基于项目或任务的课程设计。

课程开发是基于专业培养定位和以典型工作任务分析法为基础，通过专家座谈会，对岗位进行分析，提炼出典型的工作任务，在进行系统化处理后得到具有相互联系的具体任务和工作项目，最后形成核心课程和整个专业的核心课程体系。

（1）调研企业、岗位及职责。调研的企业主要有北京朝批商贸有限公司、北京顺鑫绿色物流有限公司、北京京卫药房科技有限公司、北京方正科技有限公司、华北电力物资总公司、北京德利得物流有限公司、北京超市发连锁股份有限公司、北京飞机维修工程有限公司（AMECO）、东方信捷、北京大三环食品有限公司、北京物流协会、北京物美、敦煌网、宅急送、亿都川、中外运北京分公司、中远物流等。企业调研结果见表1-1。

表 1-1 企业调研结果

岗位类型		职责及主要任务	核心业务
采购	助理	请购单、验收单的登记；访客的安排与接待；电脑作业及档案管理；承办保险、公证事宜	电脑作业及客户接待
	采购员	与供应商谈判价格、付款方式、交货日期等；一般索赔案件的处理；处理退货；收集价格情报及替代品资料	与供应商谈判及资料收集和事故处理
	采购主管	编制年度采购计划与预算；签订、审核订购单与合约；建立与供应商良好的伙伴关系	采购合同的签订和采购计划的编制
仓储配送	仓储主管	管理公司的仓储业务；仓库管理的各项指标评价；对业务处理中出现的问题进行解决	业务问题解决和评价
	仓管员	入库货物检验；单据填制；库内货物保管；出入库业务作业	日常业务处理
	统计员	票据的整理、统计；出入库信息数据统计	数据统计分析
	配送员	配送单据填写；熟悉路况和客户分布；货物的安全管理；送货前的装车；配送过程中出现的差错处理	熟悉路况；车辆配载和处理问题能力
运输	司机	熟悉客户的路线；熟悉掌握车辆的技术性能，精通配送业务	路况熟悉
	调度主管	运输计划制订；运输成本的核算；调度车辆	成本核算和车辆调度
信息	信息操作员	信息采集；信息设备技术操作与识别；信息软件操作	数据获取和信息设备操作
	信息主管	系统维护；数据查询与分析；设备和硬件的管理	信息数据分析
货代	接单员	单据识读；客户沟通	客户沟通
	订舱操作员	货代软件操作；订舱；信息数据收集	订舱管理
客户服务	客服主管	绩效管理；客服方案设计；异常问题处理；良好沟通能力	绩效管理与异常问题处理
	客服专员	客户沟通；投诉处理；相关信息数据处理	客户沟通及问题处理

（2）岗位能力。根据调研结果分析得出岗位职业能力，岗位能力见表 1-2。

表 1-2 岗位能力

岗位	方法与社会能力	业务能力	技能点
仓储配送岗	分析判断能力；表达沟通能力；协调合作能力；熟悉业务流程；掌握业务程序；执行业务标准；处理日常业务	能运用谈判技巧与客户沟通；娴熟的计算机操作技术；较强的文字书写能力；掌握统计方法，会统计分析；能运用物流软件进行业务操作；掌握市场调查、预测、分析方法；掌握基本的仓储配送物流管理定量分析方法；掌握仓储配送业务管理过程中的内容和问题处理方法；能识别和正确填写仓储配送单据	WMS 管理软件操作 仓储配送业务操作 仓储配送表单填写 仓储配送数据预测 商品 ABC 分类 库存控制策略 物流仓储配送数据分析 物资调配问题 配送路线优化 配送人员管理及配送绩效指标评价

续表

岗位	方法与社会能力	业务能力	技能点
运输调度岗	分析判断能力； 表达沟通能力； 协调合作能力； 熟悉业务流程； 掌握业务程序； 执行业务标准； 处理日常业务	能运用谈判技巧与客户沟通； 娴熟的计算机操作技术； 较强的文字书写能力； 掌握统计方法，会统计分析； 能运用物流软件进行业务操作； 掌握市场调查、预测、分析方法； 能进行简单的运输方案的设计； 能识别和正确填写物流运输单据； 掌握物流运输业务中的组织、管理与分析方法	运输计划的制订 运输合同的制定 整车运输组织 普通零担货物运输组织 集装箱运输组织 特殊货物运输工作组织 车辆运行组织 管理数学方法在运输组织中的应用
国际货代岗	分析判断能力； 表达沟通能力； 协调合作能力； 准确的语言表达能力； 与顾客沟通、为顾客服务的能力； 熟练的订单处理能力； 掌握国际空运、海运货运处理的流程和方法	娴熟的计算机操作技术； 较强的文字书写能力； 掌握统计方法并进行统计分析； 能运用成本核算方法进行核算； 掌握市场调查、预测、分析方法； 熟悉单证填写要求并能准确无误地填写单证； 熟悉通关业务流程； 能按照业务流程和操作方法对日常海运、空运、多式联运进出口业务进行处理； 具备使用英语进行业务处理的能力	国际货物运价核算 贸易术语报价 运输工具和航线的选择 熟悉主要商业单证 制单操作 进出口商品检验流程以及报检单的填制 货物的到达与交付操作 货物的通关程序
物流信息管理岗	分析判断能力； 表达沟通能力； 协调合作能力； 熟悉信息录入标准； 掌握相关软件技术； 熟悉物流业务流程； 了解各作业环节之间的相互关系	娴熟的计算机操作技术； 较强的文字书写能力； 掌握统计方法和统计分析； 能运用成本核算方法进行核算； 掌握市场调查、预测、分析方法； 按照信息系统操作规程及要求正确录入； 按照信息系统规定的业务流程正确作业； 排除简单的计算机故障，具备常用物流软件的操作、维护和数据分析能力； 掌握物流基本的业务处理程序和方法； 具备物流系统的局域网维护能力； 具备物流财务报表核算能力； 物流客户服务能力	物流管理软件简单语言编程 物流信息技术类型、使用方法 物流管理信息系统操作管理 物流管理系统数据维护 物流信息基础数据的录入 物流公司财务核算 物流客户服务管理

（3）典型工作任务与核心课程。依据岗位确定典型工作任务，形成核心课程，确定考核方式、教学环境、师资安排和证书获得。典型工作任务与核心课程见表 1-3。

表 1-3 典型工作任务与核心课程

岗位		典型任务	核心课程	考核方式	证书	教学环境	师资安排
仓储配送	操作员	仓储配送入库业务	仓储配送中心布局与管理	企业鉴定技能大赛	助理物流师	实训室/企业	校内、校外
		仓储配送拣货业务					
		仓储配送盘点业务					
		仓储配送出库业务					
		仓储配送保管业务					
		仓储配送表单填写					
		WMS 管理软件操作					

续表

岗位		典型任务	核心课程	考核方式	证书	教学环境	师资安排
	业务主管	商品ABC分类操作					
		库存控制策略					
		工人调配的操作					
		仓储配送数据分析					
		物资调配问题					
		配送路线优化					
		物流仓储配送数据预测					
		仓储配送绩效评价					
		仓储合同编制					
物流运输	操作员	运输计划的执行	运输配送路线优化设计	企业鉴定技能大赛	助理物流师	实训室/企业	校内、校外
		运输合同的执行					
		整车运输实施					
		集装箱运输实施					
		特殊货物运输实施					
		普通零担货物运输实施					
		运输管理软件操作					
	业务主管	运输计划的制订					
		运输合同的制定					
		整车运输组织					
		普通零担货物运输组织					
		集装箱运输组织					
		特殊货物运输工作组织					
		车辆运行组织					
		管理数学在运输组织中的应用					
国际货运代理操作岗	操作员、客户服务员、业务主管	国际货物运价核算	国际货代业务流程设计	企业鉴定技能大赛	助理物流师	实训室/企业	校内、校外
		贸易术语报价					
		进出口报关单的填制					
		熟悉主要货代单证					
		进出口商品检验流程以及报检单的填制					
		货代英语					
		运输工具和航线的选择					
		货物的到达与交付操作					
		货物的通关程序					
		国际货代软件操作					

续表

岗位		典型任务	核心课程	考核方式	证书	教学环境	师资安排
物流企业	操作员—操作主管	物流数据录入维护	物流管理信息系统	企业鉴定技能大赛	助理物流师	实训室/企业	校内、校外
		物流数据核算分析					
		物流数据统计分析					
		LIS 管理软件操作					
	系统维护员—系统维护主管	物流数据库操作					
		计算机程序设计					
		物流公司网站设计					

（4）核心课程建设思路。按照工学结合与校企合作原则，紧紧围绕物流基层主管典型工作任务"仓储配送中心布局与管理""运输配送路线优化""国际货代业务流程设计""物流管理信息系统"进行系统建设。学生毕业设计选题与物流业务课程相结合。课程系统开发与物流基层主管职业技能证书开发相结合。每门课程校内实训课时占50%、校外顶岗实习课时占50%，实行校内实训与校外顶岗实习一体化学习与管理。课程考核与职业技能证书相结合，考核以方案设计、技能大赛等形式进行。

1）"仓储配送中心布局与管理"课程。仓储配送中心布局与管理是物流基层主管应该具备的专业核心能力，课程内容主要包括布局理论、企业案例学习、企业调研、业务流程与布局设计、业务与布局优化等典型工作任务。目前，国内尚无高校开设能够涵盖"仓储配送中心布局与管理"全部内容和主要工作任务的课程。开设"工学结合"的"仓储配送中心布局与管理"课程是全新的建设，是对物流基层领班岗位的新的探索。

"仓储配送中心布局与管理"课程引进北京顺鑫农业物流有限公司、北京市东方友谊食品配送公司的典型个案，按照上述五类典型任务的真实工作过程进行建设。"仓储配送中心布局与管理"课程建设内容汇总见表1-4。

表1-4　"仓储配送中心布局与管理"课程建设内容汇总

课程	课时		教学目标	教学内容	教学环境		教学方式	考核
	校内	企业			校内	企业		
仓储配送中心布局与管理	150	150	掌握仓储配送布局的基础理论、应用理论，动手流程，基本构思；了解北京市物流企业布局的实际情况；掌握布局及流程设计的高技能，培养创新能力和设计能力，提高就业能力	★仓储配送布局理论 ★物流企业布局现状 ★企业调研分析 ★布局及业务流程设计 ★布局及业务流程优化	仓储配送中心布局与管理实训室按北京顺鑫农业物流公司、北京东方友谊食品配送公司两家企业的真实环境，按比例尺微缩进行设计	在北京顺鑫农业物流公司、北京东方友谊食品配送公司两家企业的真实仓库环境中，进行布局及流程优化设计	工学结合、项目式教学	技能大赛：（结合物流基层领班人员的职业技能进行考核）学生可从两个指定企业中任选其一进行设计：企业整体物流业务流程设计（40分）；仓库布局设计（40分）；布局及业务流程优化（20分）

2)"国际货代业务流程设计"课程。国际货代业务流程设计是物流基层领班人员典型的专业核心能力,课程内容主要有接单、订舱、进出关流程、运提单处理和堆场保税库管理等典型工作任务。该课程引进全球国际货代公司和中外运国际货代公司的典型案例,按照上述 5 类典型任务进行建设。学生通过"国际货代业务流程设计"课程的学习、校内实训与企业实习,初步掌握国际货代业务的工作流程设计知识。"国际货代业务流程设计"课程建设内容汇总见表 1-5。

表 1-5 "国际货代业务流程设计"课程建设内容汇总

项目	课时		教学目标	教学内容	教学环境		教学方式	考核
	校内	企业			校内	企业		
国际货代业务流程设计	150	150	将全球国际货代公司、中外运国际货代公司的真实国际货代业务引入国际物流实训室。学生在实训室中进行项目训练,掌握各业务相应的业务管理知识,培养学生的流程设计和项目管理能力,促进学生实际流程设计工作能力的提高	★接单 ★订舱 ★进出关流程 ★运提单处理 ★堆场保税库管理	在国际物流实训室中进行。按全球国际货代公司、中外运国际货代公司两家企业的真实营销策划业务进行训练	在全球国际货代公司、中外运国际货代公司两家企业的货代业务部的真实环境中,进行促销方案设计和实施	工学结合、项目式教学	技能大赛:(结合物流基层领班人员的职业技能进行考核)学生可从两个指定企业中任选其一进行设计: 空运单据的业务流程设计(40分); 海运单据的业务流程设计(30分); 陆运单据的业务流程设计(30分)

3)"物流管理信息系统"课程。掌握物流管理信息系统是物流基层领班人员典型的专业核心能力,按照企业实务,课程内容主要包括物流数据获取、物流数据存储、物流数据分析和物流数据决策等典型工作任务。"物流管理信息系统"课程引进易通交通信息发展公司和中国配货网既天下通货运代理(北京)有限公司两家典型企业的典型个案,按照上述四类典型任务进行建设。学生通过"物流管理信息系统"课程的学习、校内实训与企业实习,初步掌握物流管理信息系统的实务和管理工作流程。"物流管理信息系统"课程建设内容汇总见表 1-6。

4)"运输配送路线优化"课程。运输配送路线优化是物流基层领班人员典型的专业核心能力,按照企业实务,课程内容主要包括承运人选择、运输路线选择、运输路线优化、运输成本控制等典型工作任务。"运输配送路线优化"课程引进安信捷达物流有限公司和京东物流有限公司两家典型企业的典型个案,按照上述四类典型任务进行建设。学生通过"运输配送路线优化"课程的学习、校内实训与企业实习,初步掌握运输配送路线优化的实务和管理工作流程。"运输配送路线优化"课程建设内容汇总见表 1-7。

表1-6 "物流管理信息系统"课程建设内容汇总

项目	课时		教学目标	教学内容	教学环境		教学方式	考 核
	校内	企业			校内	企业		
物流管理信息系统	150	150	将易通交通信息发展公司、中国配货网既天下通货运代理（北京）有限公司的真实业务管理流程引入物流综合管理实训室，在实训室中进行项目训练。使学生掌握数据获取、数据存储、数据分析和数据决策等技能，培养学生的综合数据管理能力	★物流数据获取 ★物流数据存储 ★物流数据分析 ★物流数据优化	物流综合管理实训室按易通交通信息发展公司、中国配货网既天下通货运代理（北京）有限公司两家企业的真实管理流程建设，学生进行数据管理业务训练	在易通交通信息发展公司、中国配货网既天下通货运代理（北京）有限公司两家企业的真实环境中，进行物流管理信息系统分析	工学结合、项目式教学	技能大赛：（结合物流基层领班人员的职业技能进行考核）学生可从两个指定企业中任选其一进行设计：物流数据获取（30分）；物流数据存储（20分）；物流数据分析（30分）；物流数据优化（20分）

表1-7 "运输配送路线优化"课程建设内容汇总

项目	课时		教学目标	教学内容	教学环境		教学方式	考 核
	校内	企业			校内	企业		
运输配送路线优化	150	150	将北京安信捷达物流有限公司、京东物流有限公司的真实业务管理流程引入运输配送路线优化实训室，在实训室中进行项目训练，使学生掌握承运人选择、运输路线选择、运输路线优化、运输成本控制等技能，培养学生的综合数据管理能力	★承运人选择 ★运输路线选择 ★运输路线优化 ★运输成本控制	运输配送路线优化实训室按北京安信捷达物流有限公司、京东物流有限公司两家企业的真实管理流程建设，学生进行运输配送业务训练	在北京安信捷达物流有限公司、京东物流有限公司两家企业的真实环境中，进行物流管理信息系统分析	工学结合、项目式教学	技能大赛：（结合物流基层领班人员的职业技能进行考核）学生可从两个指定企业中任选其一进行设计：承运人选择（30分）；运输路线选择（20分）；运输路线优化（30分）；运输成本控制（20）分

（5）考核标准。

1）制定意义。物流是一门实践性很强的学科，物流作业与管理人员不但要具有扎实的专业知识和良好的职业素养，而且还应具备一定的解决问题和分析问题的能力。物流管理教研室以学生就业为出发点，以为企业培养合适的具有综合职业能力的人才为目标，依据教学内容对考核标准进行设计。

在目前已有的职业资格技能考核办法的基础上，校企合作制定评价标准，突出物流岗位的核心业务,体现物流管理技能点的综合性和先进性,然后根据学生达到的分数,给予不同的评分等级。

2)实施方法。"学赛一体化"课程采取课堂讲解、学生设计、模拟训练、实战演练、企业实训和技能大赛等方式,对技能点反复练习,综合训练,以实现人才培养的目标。第四学期将在企业和学校实训室重点训练学生的综合职业技能,学生的成绩由平时和期末的成绩综合后给出。根据比赛的成绩和日常的表现,选拔优秀的同学参加北京市级物流职业技能大赛和全国物流职业技能大赛,并对参加大赛的学生给予额外的表扬与奖励。

3)考核办法与标准。"学赛一体化"课程考核分为优、良、中、及格共四个等级,其中,相关知识考核比例占50%,方案设计与操作技能考核比例占50%。相关知识考核题型为选择题、简答题、计算题和案例分析题,此部分与职业资格证书考试紧密结合。考核内容与等级标准见表1-8。

表1-8 考核内容与等级标准

考核内容	题目类型		分值与等级标准	
	相关知识占比/%	方案设计与实施占比/%	等级标准	分值区间
仓储配送中心布局与管理	50	50	及格	(60,70)
国际货代业务流程设计	50	50	中	(70,80)
运输路线优化设计	50	50	良	(80,90)
物流管理信息系统	50	50	优	(90,100)

说明:

a)第一部分相关知识考核,选择题、简答题、计算题和案例分析比例为3:3:2:2,总100分。计算题按照步骤给分,简答与论述题根据要点给分,案例题要求观点正确,逻辑清晰,文字整洁。第二部分是方案设计与实施,总100分。相关知识和方案设计与实施都及格时,方可判定此课程考核合格。

b)考试时间标准见表1-9。

表1-9 考试时间标准

内容	考试时间	考试形式
相关知识	90分钟	闭卷
方案设计与实施	360分钟	比赛

c)题库规模:每科课程200题,其中相关知识100题,方案设计与实施100题。

五、"学赛一体化"课程标准

课程标准是规定课程的性质、目标、内容框架、教学建议和评价建议、实施建议的纲领性教学文件,是教材编写、教学组织、教学评价和教学考核的基本依据,其编制思想要遵循校企合作、工学结合、"学赛一体化"的原则,以提高课程教学质量为目标,以创新课程体系和改革教学内容为重点,建立以职业素养养成和职业能力培养为核心的课程标准。

（一）基本原则

（1）系统性。课程标准是几方面的内容相互影响、相互支持的一个整体系统。在这个系统中，各部分相互作用，共同实现培养之目的，体现了课程标准的系统性。

（2）针对性。课程标准要根据本专业的人才培养目标，以专业核心能力的学习为主线，由此确定课程的定位、目标和任务。

（3）一致性。"学赛一体化"课程目标是培养具有良好职业素养、综合职业能力和一定创业能力的高素质技能型人才。课程标准要在注重核心业务能力培养的同时，也注重职业素养的养成，实现素养、知识、技术的一致性。

（4）适应性。专业的发展是伴随着科学技术进步和社会经济发展，以及社会需求的发展而发展的，设计多元化、项目化的课程体系，能体现出课程体系对社会环境、职业岗位和个性发展的适应性和协调性。

（5）职业性。"学赛一体化"课程内容应符合职业岗位的实际，与国家和行业职业标准相结合，体现对学生职业素养和职业能力的培养，体现教学内容的导向性和教学方法的实用性。

（二）编制程序

（1）企业调研。选择典型企业的相关岗位，对这些岗位所需的职业素养和职业能力进行调研，形成课程职业能力分析与教学分析资料。

（2）初稿编写。在进行课程职业能力分析与教学分析的基础上，构建课程结构框架，把职业能力分析和教学任务分析转化为工学结合的课程内容，编写课程标准初稿。

（3）专题研讨。邀请行业企业人员、课程专家及专业教师对课程标准初稿进行讨论、修改，形成终稿。

（4）组织实施。按照课程标准的要求，配置教学资源，组织课程实施，并及时收集、整理实施过程中的评价意见。

（5）修订完善。根据实施评价和反馈的意见，对课程标准进行滚动修订，不断提高课程标准质量及实施成效。

（三）主要内容

课程标准的主要内容包括课程概述、课程目标、课程内容与要求、实施建议等几个部分。

1. 课程概述

课程概述包括课程性质、基本理念和设计思路。课程性质描述本课程在专业人才培养中的地位、作用和功能，与其他课程的关系以及课程类型等内容。基本理念阐明课程教学中应遵循的指导思想和基本原则，突出学生的主体地位。设计思路阐述课程的总体设计原则、课程设置依据、课程内容结构、理论与实践比例、课时安排说明、学分分配与考核评价方法等内容，要体现课程标准的先进性和创新点。

2. 课程目标

课程目标要面向全体学生及考虑个体差异。包括总体目标和具体目标。总体目标是对课程学习预期结果的综合描述，体现专业人才培养目标，具体目标是职业素养和职业能力的具体说明。

3. 课程内容

主要阐述项目应实现的具体学习目标，并用清晰的、便于理解及可操作的行为动词进行描述。选取的项目大小和数量应适中，不宜过大、过多，项目要由易到难、由浅入深、循序渐进，具有真实性、完整性和典型性特点。项目内容包括工作任务、教学目标、相关知识（理论知识、实践知识）、考核评价等。

4. 实施建议

实施建议包括课程教学的组织实施、评价方法、教材编写、实验实训设备配置、课程资源开发与利用等建议。教学建议要体现课程"学赛一体化"的理念，以实习实训场所为中心的教学组织形式，融"教、学、做、赛"为一体。评价建议体现多元评价方法，重视过程评价，突出能力评价、职业素养评价，注重学生动手能力和在实践中分析问题、解决问题能力的考核。教材编写建议是应按课程标准编写教材，选用教材应符合课程标准的基本要求。实验实训设备配置建议是根据课程内容和要求，对实训（实验）室设备配置提出要求。课程资源开发与利用建议包括课件、实训规范、信息技术、实训基地、网络资源、仿真软件等建议。

附：课程标准示例

"仓储配送中心布局与管理"课程标准

一、课程概述

（一）课程性质

"仓储配送中心布局与管理"课程是依据培养物流基层主管人才需求，按照仓储配送岗位任职条件，以仓储配送岗位职业素养和综合能力培养为目标建设的职业能力核心课程。该课程的前修课程为"现代物流概论""物流调查统计与分析""现代采购管理""物流设备认知""物流会计基础"和"现代仓储管理"等；后续课程为"现代物流区大赛式课程"。

学时：144，学分：9

（二）课程作用

"仓储配送中心布局与管理"作为物流管理专业的一门职业能力核心课程，培养具备良好的职业素养和仓储配送业务操作、库存运营控制与布局优化管理能力，熟悉仓储配送入库、出库、在库运营等业务流程，掌握物流仓储配送业务操作技能、运营控制管理和布局优化管理技能，并能够熟练运用物流信息管理软件进行物流业务运营与管理的仓储配送业务主管。

（三）课程设计思路

1. 课程设计理念

课程设计紧紧围绕现代物流企业仓储配送岗位任职要求和业务流程，以培养物流管理基层主管所需职业素养和仓储配送核心业务操作和管理技能为核心，校企合作开发课程，通过项目导向任务驱动，以物流大赛、方案设计、能力展示、习题测试等为考核方式。课程设计还与人力资源和社会劳动保障部助理物流师内容相衔接，实现课证融通，使课程设计突出素养化、能力化、职业化。

2. 课程设计思路

本课程设计立足于首都物流业发展现状，与典型物流企业如北京德利得物流、北京顺鑫绿色物流有限公司、北京烟草配送中心等合作，通过专家座谈会，分析岗位职责，提炼典型工作任务,形成"学赛一体化"课程。该课程包括5个模块,包括仓储配送中心认知、仓储配送中心业务操作、仓储配送中心运营控制、仓储配送中心布局管理、实训软件模拟综合任务考核等。每一个模块下又以企业类型或者业务流程为载体,设置了具体的学习任务。教学设计如图1-8所示。

图1-8 教学设计图

二、课程目标

（一）课程目标概述

本课程依据物流管理专业仓储配送岗位群的要求和未来发展的任职需要,培养学生良好的"爱心、诚信、责任、严谨、创新"职业素养,使学生掌握仓储配送业务流程、仓储配送运营控制和布局优化技能,熟悉仓储配送基本理论知识,拓展储配方案设计与执行和布局优化方案设计,为学生未来就业奠定扎实的基础。

本课程设计依据操作与管理两个层次,以企业实际业务为背景,按照从简到繁、由低及高和职业成长的规律安排工作任务(学习任务),同时以企业类型和业务流程为载体组织整个教学内容。

1. 知识目标

（1）熟悉物流仓储管理软件功能。

（2）熟悉物流仓储配送业务流程。

(3）掌握物流仓储配送运营控制方法。
(4）熟悉企业仓库布局优化方法。
(5）能准确描述物流设备名称和使用方法。

2. 能力目标

(1）能安全、高效地进行仓储配送业务流程操作。
(2）会储配运营控制方案设计。
(3）会进行储配方案设计。
(4）会撰写布局分析报告。
(5）使用沟通技巧，妥善处理业务实施过程中的问题。
(6）正确掌握物流设备的规范操作。

3. 素养目标

(1）良好的爱心、诚信、责任、严谨、创新素质。
(2）良好的心理状态、团队合作的精神、有效配合的能力。
(3）良好的语言表达、沟通交流和洽谈能力。

（二）岗位要求

仓储配送岗位群职责及核心业务见表1-10，此表格内容和表1-1中的部分内容类似。

表1-10 仓储配送岗位群职责及核心业务

岗位类型		职责及主要任务	核心业务
仓储配送	业务主管	管理公司的仓储业务；仓库管理的各项指标评价；对业务处理中出现的问题进行解决；布局优化问题解决	业务设计、问题解决和评价
	仓管员	入库货物检验；单据填制；库内货物保管；出入库业务作业	日常业务处理
	统计员	票据的整理、统计；出入库信息数据统计	数据统计分析
	配送员	配送单据填写；熟悉路况和客户分布；货物的安全管理；送货前的装车；配送过程中出现的差错处理	熟悉路况；车辆配载和处理问题的能力

三、课程内容

课程项目、工作任务和教学目标见表1-11。

表1-11 课程项目、工作任务和教学目标

课程项目	工作任务	教学目标	课时
项目1：仓储与配送中心认知	1. 调研设计实施 2. 调研报告展示	1. 了解仓储配送中心现状与发展前景、进行自身职业生涯规划； 2. 熟悉仓储配送基本知识，掌握仓储配送基础理论； 3. 熟练仓储配送岗位职责，了解相关行为规范	8
项目2：仓储与配送中心业务操作	1. 订单处理 2. 入库作业 3. 在库作业 4. 出库作业 5. 退货处理	1. 辨识仓储配送作业环节的能力； 2. 绘制仓储配送流程图的能力； 3. 填制仓储配送相关单据的能力； 4. 具备仓储配送作业的能力； 5. 具备操作仓储配送软件的能力	44

续表

课程项目	工作任务	教学目标	课时
项目3：仓储与配送中心运营控制	1. 库存预测 2. 库存控制 3. 库存优化	1. 能分析库存现状； 2. 能优化库存； 3. 会库存预测	28
项目4：仓储与配送中心布局识读	1. 企业布局解读 2. 布局分析及优化 3. 电脑绘制布局图	1. 会典型企业布局分析； 2. 掌握布局优化方案设计； 3. 会撰写布局优化报告	4
项目5：仓储配送业务综合实训	1. 储配方案设计 2. 储配方案执行	1. 掌握地牛、叉车的操作； 2. 掌握入库方案设计； 3. 掌握出库方案设计； 4. 储配方案的设计与实施	60
教学资源	1. 教材：《仓储配送中心布局与管理》与《仓储配送中心布局与管理实训手册》（公开出版） 2. 仓储配送中心布局与管理专业教学资源库课程网站 https://bb-443.webvpn.bjczy.edu.cn		

四、教学方法

"仓储配送中心布局与管理"课程引入典型任务，教学设计按照"学赛一体化"原则，采取任务驱动式教学，教学任务按照以下流程进行：

第一步，认真阅读工作任务书；

第二步，自我学习、自我探究、自我设计；

第三步，按规定的时间，认真完成工作任务；

第四步，配合任课教师完成工作任务评价；

第五步，认真填写工作总结。

教学过程贯彻"教、学、做、赛"四位一体的教学方针，教师转换角色，将自己定位为"教练"，积极启发诱导学生的创造性。学生为学习主体，定位为"运动员"，通过自主研究性学习培养职业素养和综合职业能力。

五、教学环境

1. 校内实训环境：财贸大楼物流区"仓储厅"。
2. 校外实训环境：北京德利得物流、北京顺鑫绿色物流有限公司、北京烟草配送中心等。
3. 教学网站：https://bb-443.webvpn.bjczy.edu.cn

六、考核标准

支持劳动部助理物流师证书，并与物流职业技能大赛对接。课程考核包括相关知识考核和方案设计与实施考核两部分，比例各为 50%。相关知识闭卷考核，方案设计与实施采取技能大赛、能力展示、知识竞赛等考核形式。

制定课程各环节考核量化标准，按量化指标对过程和结果实施考核，工作过程考核为50%，结果考核为 50%。考核方案见表 1-12，过程考核评价见表 1-13，结果考核依据学习任务的评价标准评价。

表 1-12 考核方案

考核方式	过程考核 50%			结果考核 50%
	教师评价 30%	小组自评 40%	小组互评 30%	
考核实施	由指导教师根据学生表现集中考核	由小组成员根据评价表对本小组的学习过程及工作成果汇报情况进行打分	由指导教师组织各个小组对其他小组的工作成果汇报情况进行打分	技能大赛、能力展示、知识竞赛

表 1-13 过程考核评价表

姓名		组长		组别		时间		
60 分		分值	自评	40 分		分值	自评	互评
资讯	资料搜集	4		工作小结	整体协作	4		
	信息分析	4			设计合理	3		
计划决策	任务分工	3			设备使用	4		
	计划合理	4			成果明显	4		
	决策方案	4			创新体现	3		
	团队合作	4			现场管理	2		
实施	工作态度	3		成果展示交流	内容完整	2		
	工作精神	3			表达清晰	3		
	实施文件	3			技术使用	3		
	实施质量	4			规划分工	2		
	工作方法	4			展示效果	2		
	实施效果	4			回答问题	2		
检查评价	方案设计	4		加分	思维积极	3		
	方案实施	4			心得体会	3		
	创新精神	4			原因			
	团队协作	4			分值			
合计		自评（0.4）		互评（0.3）		教师评分（0.3）		
总计								
组长签字				指导教师签字				

在整个课程考核的过程中，还设计了学生对教师教学质量的评价指标，教师评价表见表 1-14。

表 1-14 教师评价表

| 教师： _____ | 项目名称 _____ |
| 学期 _____ | 班 级 _____ 日期 _____ |

1 对此项目教师讲解的能力									
优		良		中		及格		及格以下	
2 对此项目教师的准备能力									
优		良		中		及格		及格以下	
3 对此项目教师的组织能力									
优		良		中		及格		及格以下	
4 对此项目教师的整体表现									
优		良		中		及格		及格以下	
5 对此项目内容的难易程度									
太难		难		中		容易		太容易	
6 对此项目你感兴趣的程度									
很高		高		中		低		很低	
7 你在班里的平均成绩处于									
优		良		中		及格		及格以下	
8 你对此项目的其他建议									

1.此表目的是促进教师改进教学内容、教学方法，提高教学质量。为了自己的利益，请认真、如实、公平地填写；2.选项后打√；3.北京财贸职业学院信息物流系制表

七、教学团队

课程教学团队是由专业教师与企业兼职教师共同组成，专业教师具有扎实的物流理论基础，同时具有高级物流师职业资格证书，专业教师共 4 名；企业兼职教师会教学、懂行业，都是企业主管，企业兼职教师共 4 名。专业教师完成课程教学活动设计及校内教学环节，企业兼职教师参与课程开发并实践指导。师资构成表见表 1-15。

表 1-15 师资构成表

教师姓名	专业技术职务	单位	专业领域	承担任务
李作聚	副教授	北京财贸职业学院	物流管理	主讲、课程设计、实践指导
叶 靖	副教授	北京财贸职业学院	物流管理	主讲、课程设计、实践指导
刘 华	副教授	北京财贸职业学院	物流管理	主讲、课程设计、实践指导
胡丽霞	副教授	北京财贸职业学院	物流管理	主讲、课程设计、实践指导
王素兰	经理、企业主管	中鸿网络	物流管理	主讲、课程设计、实践指导

续表

教师姓名	专业技术职务	单位	专业领域	承担任务
张　健	经理、企业主管	北京顺鑫绿色物流	物流管理	主讲、课程设计、实践指导
尤洪涛	经理、企业主管	北京烟草物流配送中心	物流管理	主讲、课程设计、实践指导
恽　绵	经理、企业主管	北京德利得物流	物流管理	主讲、课程设计、实践指导

八、实施建议

教学要求采用项目导向、案例分析、任务驱动、模拟教学、任务训练、角色扮演等教学法，教学内容与安排遵循学生认知规律及工学交替的学习形式，通过课程教学、基本技能训练、小组比赛，不断提高学生的专业能力和综合素质。在教学过程中，通过数字化资源、教学资源的开发与利用，提高课程教学效果。

六、"学赛一体化"课程教学设计研究

（一）教学项目设计

1. 教学项目设计原则

"学赛一体化"课程是"教学同步，做赛一体"的职业能力课程，其教学项目围绕着这个主线来进行开发。"学赛一体化"教学项目的设计遵循的原则是综合性、整合性和操作性。

（1）综合性。从教学上讲，对于"学赛一体化"课程项目的开发，需要有项目的组织结构（人员、岗位、职责）、项目的环境构成即涉及的元素（用到的设备、材料、耗材）、项目的方案设计（依据任务设计流程，形成方案，按照某种标准实现优化）、项目的实施控制（按照流程完成任务或者展示，并集体解决实施过程中的问题，修改流程后继续进行）、项目的考核评价（根据设定的评价指标去考核项目完成的效果，可以定性，可以定量，并最后有数据分析过程）。总之，"学赛一体化"课程的项目设计体现了综合性原则。

（2）整合性。"学赛一体化"的项目设计需要整合不同企业的工作流程和业务技能，提炼出典型的工作任务，同时，在项目设计和实施过程中，需要整合非专业知识，应用多门课程知识进行研究性学习，体现出项目设计的整合性。

（3）操作性。"学赛一体化"课程项目还要体现可操作性，不但易于教师组织、管理，培养学生的职业能力，而且也易于学生设计与实施，且在评价方面易于操作，进而体现出"学赛一体化"课程"教学同步，做赛一体"的特点。

2. 教学项目设计理念

以物流岗位为出发点，以培养学生职业素养和综合的职业能力为目标，以"教学同步，做赛一体"为主线，以学生（小组）自主性研究学习为教学形式，以项目为导向，以任务为驱动，以能力递进和职业发展为培养方向，紧密结合职业资格证书设计教学项目。

3. 教学项目设计内容

"学赛一体化"的教学项目包含项目目标、项目内容、项目环境、项目方案设计、项目实施与控制、项目评价等。项目目标体现了职业素养和职业能力的培养。项目内容来源于企业，以典型工作任务为载体，体现了企业的核心业务。项目环境紧密结合项目内容，场所可以是企

业现场，也可以是学校实训室。项目方案设计是学生研究学习的过程，教师角色是"引路人"，学生是"探索者"。项目实施是通过技能展示、物流比赛，执行项目设计方案，通过"教、学、做、赛"一体的过程培养学生的职业素养和综合职业能力。项目评价是学生、教师、企业三位一体的过程性评价和结果性评价的结合。

综合的项目可以分解成不同的任务，每个任务对应一个核心的技能点。从企业典型的工作过程中提炼出任务，在教学过程中任务可以单人进行，不像项目那样需要学习小组协作完成。

4. 教学项目设计过程

（1）企业调研。企业调研是教学项目设计的第一步。通过企业调研可以了解企业发展的现状和人才需求的特点，可以提炼出企业核心业务和核心技能，可以培养出满足区域经济发展需求的人才。

调研的方法有多种类型。可以设计问卷，采取通俗易懂的语言，短时间内获得所需信息；可以以电话沟通，以较低的成本在更大的范围内获得相关资料，但需要有较强的沟通和心理承受能力；可以走访企业，选取合作关系较好的典型企业面对面地深入沟通，在企业领导的配合下获得较详细的资料。

调研数据的分析可以依据需要选择定性或者定量的分析方法。

（2）项目提炼。项目提炼是一个创造的过程，它需要教学团队对企业的调研数据进行深入分析，探寻出能深入反映事物本质或规律的东西。

由行业专家、企业专家、课程开发专家和教师等共同组成教学团队，在进行数据分析的过程中，需要提炼出能体现岗位特点和课程培养目标的核心能力、核心任务，最后形成具有某种规律的综合教学项目。

"仓储配送中心布局与管理"课程依据由易到难，由简单到复杂的顺序，结合岗位和职业发展规律，由保管员到仓储主管递进上升的职业发展规律，结合从企业中来到企业中去这样一个闭环的设计，提炼出五个综合的项目，分别是仓储配送中心认知、仓储配送中心业务操作、仓储配送中心运营控制、仓储配送中心布局优化、仓储配送综合业务实训（储配方案设计与实训）。

（3）环境配置。项目的执行和任务的实施需要教学环境的支持，这是完成教学项目的一个重要的组成部分，也是"学赛一体化"课程必不可少的一环。

教学环境的配置要在有效、有利、有节的前提下，结合专业人才培养目标和课程培养目标进行设计、论证、建设和运行。教学环境的建设也包括企业实训环境的建设，可以采取校企共建或现场实训的做法。

教学环境的建设要具有一定的开放性，即随着课程建设需求的变化，能保证教学环境随时满足实际的需求。

（4）项目（任务）设计。项目可以划分为几个任务，对任务的设计要遵循"教学同步，做赛一体"的原则。任务设计包括任务概述、工作任务、工作内容、赛场点兵等。任务概述主要说明工作目标、工作环境、所需要的工具与资料、最终的工作成果等。工作任务主要说明任务内容、实训场地情况、该任务的评分规则。工作内容主要说明教师在工作过程中的安排以及学生应该要做的工作，并将主要步骤列出。赛场点兵是学生小组间进行比赛。最后需要提交报告或者设计方案，并根据评分规则，按照方案设计实施。

"仓储配送中心布局与管理"课程在五个综合项目下，又分别设计了一些任务。每个任务都代表了相关岗位所必须掌握的核心技能点。以仓储配送综合业务实训为例，此项目以结合储配方案设计大赛的指标考核点为核心任务，任务细分表见表 1-16。

表 1-16 任务细分表

项目	子项目	任务	说明
仓储配送业务综合实训	配送中心布局识读	1.解读现场布局	根据比赛现场，分析布局及识别现场设备
		2.绘制现场布局图	
	入库作业方案设计	3.物动量 ABC 分类表	能够体现出分类过程和分类结果
		4.制定货物组托示意图	包括主视图、左视图、奇数层俯视图、偶数层俯视图
		5.上架存储货位图绘制	以托盘式货架的排为单位，将货位存储情况反映在存储示意图上，在相应货位上标注货物名称
		6.就地堆码存储区规划	按照收到的入库通知单上的货物信息完成存储所需货位数量或堆存所需占地面积及货垛长、宽、高（箱数）的规划
	出库作业方案	7.订单有效性分析	参赛队收到客户订单后，应对订单的有效性进行判断，对确定的无效订单予以锁定，陈述理由，交由主管签字并标注日期
		8.客户优先权分析	当多个客户针对某一货物的要货量大于该货物库存量时，应对客户进行优先等级划分以确定各自的分配量，并阐明理由
		9.库存分配计划表	依据客户订单和划分后的客户优先等级顺序制订库存分配计划表，将相关库存依次在不同的客户间进行分配并显示库存余额
		10.拣选作业计划	拣选作业计划设计要规范、项目齐全，拣选作业流畅；拣选单设计应能减少拣选次数、优化拣选路径、缩短拣选时间，注重效率
		11.月台分配示意图	将月台在客户间进行分配，便于月台集货
		12.车辆调度与路线优化	根据所给数据利用节约法，完成车辆调度方案和路线优化设计
		13.配装配载方案	根据配送线路优化结果，绘制配送车辆积载图，以体现配送的先后顺序
	编制计划	14.作业计划	按照时间先后顺序将每位参赛队员在方案执行过程中的工作内容编制成作业计划，包括设备租赁情况及可能出现的问题预案
		15.预算表	统计作业过程可能发生的各种费用项目及相应的预算金额，以便与实际发生的费用比较，满足预算编制信息的内容

任务一般属于单个的核心技能点，在任务实施上比较简单，可以单独完成。但在完成的过程中，需要自主研究学习，通过制订方案计划来实施。

"学赛一体化"项目设计还包括企业实训项目的设计。在备战全国物流技能大赛的过程中，北京财贸职业学院教学团队和北京德利得物流公司合作，设计了企业实训项目和内容，培训效果显著。北京财贸职业学院学生培训项目方案见表 1-17。

表 1-17　北京财贸职业学院学生培训项目方案

部门	培训项目
仓储部	学生接待；签署安全协议
	办公室、场地整理
	松下产品规格描述及组托培训（现场实操）
松下项目	岗位主要工作内容及职责
	WMS 系统的功能及操作应用
	货物进出库流程及注意事项（现场实操）
李宁项目	岗位主要工作内容及职责
	门店回货作业流程及注意事项（现场实操）
	扫描作业流程及注意事项（现场实操）
宝盛项目	岗位主要工作内容及职责
	补货作业流程及注意事项（现场实操）
	扫描作业流程及注意事项（现场实操）
仓储部	企业项目运作架构及各环节管控点
	物流操作、装卸指导（设备使用、管理规定；包装、运输标志说明）
	库房管理工作重点
松下项目	叉车、地牛规范应用（现场实操）
	货物组托；上、下架
	库房整理计划撰写
宝盛项目	调拨作业流程及注意事项
	调拨作业整理及补货作业实施
	调拨作业（现场实操）
仓储部	企业与学校针对培训内容进行交流
	强化作业规范管理
	库房整理计划实施
仓储部	叉车、地牛规范应用（现场实操）
	货物组托；上、下架
	学生填写实习总结
仓储部	总结
	填写学生评语
	综合打分

××仓储部，6 月 22 日

（5）考核评价。对项目的考核评价需要教师、个人、组员、组间、企业专家等组成的考评小组进行。项目考核的指标较复杂，任务在考核人员和考核指标方面较简单，但二者都包含过程考核和结果考核，"仓储配送中心布局与管理"课程的考核方案见表 1-12，过程考试评价见表 1-13，教师评价见表 1-14。

针对校企合作进行的企业培训项目设计内容，还设计了对应的培训评分表，见表 1-18。

表 1-18　培训评分表

姓名			性别		年龄		
评分内容	所占比重/%	评分标准					
		具体指标	优秀 100～90	较好 90～80	一般 80～70	较差 70～60	很差 60 以下
劳动纪律	50	人员出勤 30					
		实习纪律 20					
实际操作	50	服从指挥 10					
		踏实肯干 10					
		思维创新 10					
		合理建议 10					
		物流技能 10					
小计							
综合评语	级别标准	95～100	90～95	80～90	70～80	60～70	60 以下
实习学生自评意见							
评委意见	庆明凯						
	郑明明						
	沈宝华						
	张　杰						
综合评语（企业总监）							

5. 教学项目设计注意事项

教学项目的设计是一个创造性的过程，需要教学团队集体的智慧。对于"学赛一体化"课程教学项目的设计有以下五点需要注意。

（1）一个项目要具有一定的完整性，项目下的不同任务间要具有内在的联系性、连续性和递进性。同时，项目不要太大，太复杂，否则徒增操作的难度，导致无法顺利完成项目。无论是项目还是任务的设计都要以实现课程培养目标为准绳。

（2）在整个项目的设计过程中，学生的主体地位不可动摇，这是"学赛一体化"课程的基本原则，失去了这个原则，就会重新回到传统的人才培养方式上。

（3）在项目教学过程中，项目下的任务是按照"教师教、学生学"的教学模式进行的，对项目的教学要注重学生小组研究性学习，按照"做赛一体"去实施。

（4）无论是项目还是任务，都需要相应的工作环境去配合。环境的设计和设备的配置要体现合适、有效、够用的原则。越先进的实验室，人工参与的程度越低，学生动手做的机会就会越少。

（5）"学赛一体化"课程的项目评价是多元的，对项目和任务评价不但要注重过程和结果，同时也要学生、企业参与到考评队伍中来，以提升教学效果和改进课程内容。

（二）教学活动设计

1. 教学活动设计原则

教学项目（任务）设计完成后，就要进行教学活动的设计，通过教学活动让学生掌握相应的业务技能，同时培养其职业素养。"学赛一体化"课程的教学项目（任务）在教学活动设计中，需要遵循独立性、一致性和激励性的原则。

（1）独立性。教学项目（任务）是与岗位职责与岗位能力联系在一起的，代表了胜任该岗位所要具备的业务技能。教学项目（任务）间具有一定的联系，但各项目（任务）又是独立完整的，为了便于执行，可以独立设计教学活动。

（2）一致性。教学任务来源于企业典型的工作业务，教学过程的设计要考虑原有的操作流程，保持教学过程和企业实际工作程序同步，同时为了便于学生在活动中学习，掌握工作任务，教学活动的设计也要考虑到教与学的一致性，做与赛的一致性。

（3）激励性。考虑学生实际的水平和能力，教学活动的设计要鲜活，有特点，能增加学生的兴趣。在教学过程中，可以设计能激励或者刺激学生学习热情的环节，对学习过程进行过程考核，及时鼓励和鞭策学生。对学习结果进行成果考核，通过分数、情感等激励团队士气和自豪感。

2. 教学活动设计类型

"学赛一体化"课程教学活动可以依据个体、小组、岗位等形式来进行设计。

（1）依据个体设计。"学赛一体化"课程的教学任务绝大多数是依据小组或者岗位来设计的，但也有少数任务需要依靠个体自主学习。此类型的操作方法是：教师设置情景，布置任务；学生个体自主研究性学习；学生展示交流成果。该类型适合一些较简单的任务。

比如项目仓储配送综合业务实训中物动量 ABC 的计算任务，在教学活动设计时，就可以按照此类型设计，由每个学生自己完成这项任务。细分的单个任务都可以按照个体来设计教学活动，以保证学生首先掌握简单的业务技能。

（2）依据小组设计。"学赛一体化"课程的教学项目（任务）很多是综合的，有一定的难度，需要分组完成。此类型的操作方法是：教师设置情景，布置任务，明确任务目标；小组组长根据任务及个体熟练程度，分配工作，落实职责；小组合作讨论完成方案设计；进行成果展示或者方案实施，讨论反思出现的问题。这种类型是"学赛一体化"课程实训项目常采用的方法。

比如项目仓储配送综合业务实训中入库方案的设计任务，就需要采取这种方法设计教学活动。小组的组长分配任务，然后讨论任务完成方案设计，最后检验方案设计效果，总结出现的问题。另外综合的项目出库方案的设计也可以采取这种方法进行教学活动设计。

（3）依据岗位设计。"学赛一体化"课程的项目内容是基于岗位提炼的，可以采取基于岗位角色的方法设计教学活动。此类型的操作方法是：教师首先设置情景，布置任务；小组成员选择不同的岗位角色，根据个体熟悉程度承担不同的工作任务；小组组长负责整个方案的组织与管理，组员协同完成方案设计和方案执行或者成果展示，并交流经验和解决出现的问题。此类型和基于小组设计的教学过程有一定的相似性。

比如我们在备赛过程中，采取了这种教学活动设计方法。根据大赛三个角色的划分，不同学生承担不同的角色，组长根据日常训练中组员对任务的熟练程度，为每个角色分配不同的工作任务，保证在最短的时间内，用最优的质量完成所承担的方案设计工作。在方案实施过程中组长要灵活分配工作，组员间要配合默契，组长要担当起岗位职责，最终完成整个方案的设计和实施。在最终确定岗位前，组员间采取岗位轮训，保证各成员都熟悉整个方案的设计和执行。

仓储配送业务综合实训项目是以上三种形式的综合。

3. 教学活动设计内容

教学活动是依据项目或者任务所设计的活动，目的是使学生掌握课程教学目标。其内容包括活动目标、活动程序和活动评价。

（1）活动目标。教学项目或者任务设计完成后，需要对教学活动进行相应的设计，活动的目标就是教学任务所要达到的目标，通过教学活动，使学生获得新的知识和技能，促进其认知能力的发展，获得积极的情感体验。

（2）活动程序。教学活动设计可以包含几个子活动，并且教学活动要按照一定的程序执行，这样才可以保证整个活动有序进行。各子活动间设计时要有一定的联系，存在递进的关系，以保证最后教学目标的实现。影响活动程序执行的条件有教学环境、教师能力和学生条件等，这些都要考虑。

常见的活动程序有传递接受、引导发现、示范模仿、情景教学等。对于认知知识可以采取传递接受的方法，对于需要手脑并用的实践技能的训练可以采取引导发现、示范模仿和情景教学的方法。

（3）活动评价。活动评价的目的是检验教学活动的结果是否实现了教学目标，这个结果可以是一个数据、一个报告等。活动评价的主体可以是教师、学生，也可以是企业专家。评价的对象可以是行为表现，也可以是活动成果等。活动评价要给出评分方法和评价结果。

"学赛一体化"课程的教学活动主要是采取"教学同步，做赛一体"的教学设计，每个任务或者项目都设计了活动内容、活动程序和评价标准，易于实施。

4. 教学活动设计注意事项

（1）教学活动的主体是学生。教学活动设计时必须要明确教学活动主体是学生，教师起着指导的作用。

（2）考核措施要灵活。为了使不同程度的学生都能体验到学习的乐趣和成就感，获得发展，在设计活动评价时要尽可能的灵活设计考评指标。

（3）内容和形式统一。教学活动设计要想取得良好的效果，在内容和形式上要保持统一，要正确处理二者关系。

（4）考虑安全。对于高职物流管理专业的实训教学，学生需要在实训室去完成一些操作实训，要亲自操作很多设备，所以在实训教学活动设计时，安全和规范操作是首先要考虑的事情。

（三）教学评价设计

1. 教学评价设计原则

教学评价设计是检验教师教学质量、实现课程教学目标、促进教学改革和提升教学水平的重要手段。教学评价设计要遵循目标性、整体性和发展性的原则。

(1) 目标性。"学赛一体化"课程教学评价设计具有鲜明的目标性，其包括教与学两个环节。教是针对教师教授的评价设计，评价教师教学质量；学是针对学生的学习评价设计，是评价学生对教学内容的掌握情况。对教师的评价可以通过教师间的评价、专家评价、学生评价等形式进行；对学生学习的评价可以采取考试、口试、成果展示、物流大赛等形式进行。教学评价主要是在教师和学生间互相进行的，物流大赛或者技能展示有企业专家参与进行。

(2) 整体性。对教师教学质量的评价主要通过教学水平、教学内容、教学方法、教学技术使用和教学效果等设计指标来进行。对学生学习效果的评价主要通过学习态度、创新能力、考勤情况和作业情况等指标来进行，以上这些指标又分别包含其他的二级、三级指标等。同时对评价数据的分析也有定性分析、定量分析以及定性和定量分析方法的结合。所以需要从整体上把握各评价指标和权重大小，使评价指标的设计利于职业素养的养成、教学目标的实现和学生职业能力的提升。

(3) 发展性。随着人们对事物认识层次的不断加深，课程开发也是一个不断创新发展的过程。企业市场环境的变化、企业核心产品的变化、企业业务流程的更新等都会使教学内容发生相应的变化。同时教师教学能力的提升、学生学习水平的提高、教学方法的更新、教学环境的优化等也促使教学评价发生变化。

2. 教学评价类型

教学评价种类较多，比如定性评价和定量评价；过程评价和成果评价；绝对评价和相对评价；形成性评价和总结性评价等。定性评价是采取归纳、演绎、总结等方法对数据进行质的分析，定量分析是采取统计学的方法对数据进行量的分析。过程评价是对教学活动中学生的表现过程进行评价，成果评价是计划实施后的结果评价。绝对评价是以教学目标为基准，比较该群体的知识或能力与基准间的优劣；相对评价是以该群体平均水平作为基准，判断该群体中每一成员与此基准比较的相对优势。形成性评价是一个不断优化而最终实现最佳效果的评价方法，总结性评价是对教学过程结束后所进行的全面的总体性评价。

"学赛一体化"课程的教学评价在设计时要根据教学内容、学生情况设计合适的评价指标，以实现课程教学目标。使用的教学评价方法有过程评价、结果评价、定性评价、总结性评价和形成性评价等。

3. 教学评价设计内容

教学评价的内容是由教学目标决定的，而教学目标包括知识和技能、过程和方法、情感和价值观，所以教学评价设计内容要以此为依据。

对于知识，教学评价设计要侧重于理解和应用，对技能要侧重于方案的设计、设备的使用、小组间的沟通与交流等；对于过程和方法侧重于科学探究的过程设计，培养他们良好的学习方法、严谨的工作思路和创新的工作精神，不要过分倾向于结果的考核；对于情感和价值观，教学评价设计要侧重于学习态度的考核，比如评价学习动机，是否勇于创新，是否乐于与团队交流等。

"学赛一体化"的教学评价注重学生发展，不但注重过程性评价指标的设计，而且对结果也进行了教学设计。二应同时注重两者，而不仅仅是为了适应物流大赛的需要。另外，为了更好地地进教师教学质量的提升，在教学过程中，设计了对教师的教学评价。教师评价见表1-14。

4. 教学评价设计程序

教学评价设计程序可以分为三步：制订评价计划、实施评价计划和评价分析决策。

制订评价计划包括评价对象、评价目标、评价标准、评价指标、评价方法和建立评价小组等。评价对象可以是评价教师教学质量，可以是评价学生学习情况，也可以是评价教学环境等。评价目标是针对评价对象确定的，它是评价标准、评价指标和评价方法的基础。评价标准和评价指标是教学评价的核心内容，直接决定着评价的效果。评价方法要结合教学目标、教学对象灵活、科学地选择方法。评价小组依据不同的内容，人员组成也不同。在"学赛一体化"课程中，对于教学任务的教学评价小组成员可以由任课教师、各组推选的评价代表共同组成，对于教学项目的评价小组成员可以由教师、各组推选的评价代表、企业专家、行业专家、其他教师和院领导等组成。

实施评价计划是教学评价设计的关键环节，包括数据搜集、数据处理和数据分析。数据搜集可以采取很多方法，如访谈法、问卷法、观察法和统计法等，搜集的数据要真实，具有时效性。数据处理的方法有定性归纳总结法和定量统计分析法等。数据分析是对处理的数据对照评价标准进行比对，目的是找出教学中的问题和原因，并对整个教学评价实施环节形成一份客观准确的总结报告。

评价分析决策是针对教学评价的结果进行分析，找出教学中不好的、需要提升的或必须要避免的做法，提出改进措施或建设性建议。

5. 教学评价设计注意事项

（1）注重过程评价和结果评价。"学赛一体化"课程的教学是以学生为主体的自主研究性学习，重点是培养学生掌握知识、技能和形成素养的能力，并通过物流大赛来考核项目，所以教学评价的设计一方面涵盖了学生在整个教学过程中的表现，如积极性、沟通力、创新性和动手能力等，另一方面注重对学习结果的评价，二者所占比例相当。

（2）注重教学评价指标的选择。对学生的教学评价设计要重点关注其综合素质，评价要突出个性发展，体现尊重与爱护，注重学生提高的过程，所以评价指标的选择要多元，并从多角度去设计指标体系。

（3）注重对教学评价数据的分析。教学评价获得数据后，对评价数据要重点进行分析，并且着重进行定量分析，用数据去说话是高质量数据分析所必需的，所以在进行教学评价指标体系设计时要考虑这点。

七、"学赛一体化"课程校企合作研究

（一）校企合作的原则

我国政府十分重视校企合作，出台了许多政策，鼓励校企合作进行课程开发和创新人才培养。《国家中长期教育改革和发展规划纲要（2010－2020年）》中明确提出"实行工学结合、校企合作、顶岗实习的人才培养模式"，《北京市"十二五"时期教育改革和发展规划》也明确提出"促进职业教育校企深度合作"和"校企合作共同开发专业课程"，《决胜全面建成小康社会 夺取新时代中国特色社会主义伟大胜利——在中国共产党第十九次全国代表大会上的报告》中也明确提出"要完善职业教育和培训体系，深化产教融合、校企合作"。建立培养高素质技能型人才的校企合作机制需要遵循互惠性、开放性、区域性和共享性的原则。

1. 互惠性

校企合作的互惠原则,即彼此利益一致。学校为企业培养高素质技能型人才,提升教师教学能力,增强双师水平,提高实训环境质量,学校还可以为企业提供智力支持,承担企业员工培训和职业资格认证工作等。企业则通过校企合作可以获得合适的人才,参加学校组织的论坛与大赛或其他活动能够提升自身形象,扩大企业产品知名度。总的来说彼此互惠互利。

2. 开放性

校企合作是一个不断发展的过程,对双方来说,校企合作的数量、内容都会随着区域经济、企业自身技术和业务以及市场环境等因素的变化而变化,也会根据实际需要增加一些新的内容,体现出开放性的原则。

3. 区域性

我国的职业教育对人才的培养具有典型的区域性,无论是设置的专业,还是专业人才培养模式,或者是专业课程设置和课程内容开发都与本地区经济发展紧密结合。虽然目前很多高职院校增加了外地招生,但是校企合作仍是以本区域的企业为主,仍是为区域经济发展服务的。

4. 共享性

校企合作对开展高素质技能型人才培养,共同探讨人才培养模式,开展专业建设和课程开发,进行企业业务诊断,提供真实的实训场所等具有十分重要的作用,通过校企合作建设的成果,校企双方都拥有权利和义务,具有鲜明的共享性。

(二)校企合作的类型

近几年,随着我国经济的发展和市场环境的变化,高职教育取得了跨越式的发展,不但在数量和质量方面得到了大幅提升,校企合作也形成了一些模式,主要有工学结合、订单培养、共建公司、校办公司和职教集团这五种类型。

1. 工学结合

工学结合类型常出现工科或者农科专业,但随着人们对事物规律认识的加深,目前财经类专业也出现了工学结合的校企合作模式。"工"可以指"工作",教学过程就是工作过程,学生学习的过程就是在"工作中的研究性学习",也是工作的过程。可以说,职业教育就是工学结合的教育。

2. 订单培养

订单培养也是校企合作的一种类型,和"个性化培养""点餐培养""定制培养"等意思相近。它是学校根据企业人才需求的特点,校企合作共同制定教学内容,按照企业的文化特色、业务流程和管理制度等去培养人才,学生毕业后可选择到该企业工作。典型的案例是北京财贸职业学院与北京菜市口百货股份有限公司、7-11、华西证券等合作建立的"菜百黄金营销""7-11店长""华西证券客户经理"等订单培养模式。

3. 共建公司

校企合作的一个原则是互惠互利,共建公司就是这样一种形式。企业将公司建在学校,利用学校特有的资源,完成生产和服务,学校利用共建的公司,将企业真实的工作环境建在校内,真正建立了工学结合的实训环境,在工作中培养学生的职业素养和业务技能。

4. 校办公司

校办公司除了要具备一般公司的条件外,还需要具备其他条件。首先要有学院的支持,具有一定的运作资金；其次具有企业管理和实际运营经验的教师；最后必须做好学生的管理。目前，北京财贸职业学院工商系、金融系、旅游系等都成立了校办公司，物流管理专业也将成立校办公司。

5. 职教集团

职教集团不仅是校企合作，还包括更大范围的政府、行业、企业和学校共同参加。目前，在北京市政府、通州区政府、北京物流协会等的大力支持下，由北京财贸职业学院牵头，联合北京几十所职业院校，且由王成荣院长任董事长的北京商贸职教集团已经成立，这标志着北京市校企合作进入了一个新的发展阶段。

（三）校企合作的内容

校企合作不但是人才培养的一种形式，而且也是彼此互惠互利的一种途径。校企合作的内容比较广，但校企合作总的方向和思路不变。在校企合作中企业参与人才培养方案的设计与实施、提供实习场所、为教师提供实践机会、为学校提供兼职教师、为学校提供物流设备、签订和实施订单培养、委托学校进行职工培训、资助教育培训经费、与学校联合解决技术难题、设立奖学金、设立实训课堂等。

北京财贸职业学院十分重视校企合作，初步统计与物流管理专业合作的企业达两百多家，多家企业设立了奖学金、订单班，为北京市物流大赛捐助设备，与学校共同开发职业培训教材，而学院则为北京烟草物流中心提供培训、为北京一商集团进行物流方案规划等。

最典型的校企合作是，在2010年我院物流管理专业在备战天津全国物流职业技能大赛的过程中，与北京德利得物流公司合作，一起制定企业培训内容，企业专门提供现场设备、商品和场地，并配备经验丰富的叉车司机、仓库主管等8名相关人员，通过实际的验货、收货、出库、盘点等业务操作，培养了学生良好的职业素养。在学生实际的组托、地牛使用、地牛与叉车相互配合进行上架和下架等业务比赛中，该公司员工也给予了深度的配合，并分享了经验，为学生技能的提升和素养的养成打下坚实的基础。

（四）校企合作的注意事项

1. 企业积极性要高

鉴于当前我国职业教育发展的情况，特别是企业对高职教育未来发展认识的局限，在校企合作方面仍然存在一些问题。一方面职业院校合作的积极性十分高涨，迫切希望找到能深度合作的企业，提升自身的教育质量和教师的实践能力，为社会输送合格的高素质技能型人才，另一方面部分企业由于认识不到校企合作的"效益"，总觉得自己太"亏本"，特别是一些企业领导抱着"自找麻烦，不愿意找事"的想法，这严重阻碍了校企合作的广度与深度发展，所以在校企合作之初，学校要深度调研企业各方面的情况，动之以情，晓之以理，将企业的积极性调动起来。

2. 动态发展的过程

校企合作是一个动态发展的过程，内容和形式都会随着经济环境和市场需求的变化而变化。学校要考虑企业发展的水平、市场地位和发展前景，因为学校希望能与各方面都优秀的企业进行合作，而企业选择合作学校时，也会考虑到学校的社会声望、学校的专业设置、教师的教学科研水平、社会综合服务的能力等，一旦建立了合作关系，彼此要互通互惠，定期总结交流，建立战略合作关系，成为校企供应链关系上的一个利益共同体。

在经济新常态社会发展形势下，"产教融合、校企合作"已成为时代发展的必然趋势，需要政府、企业和学校三方的共同努力。政府应该加大政策性支持，出台完善的法律法规和优惠的税收政策，加大财政资金投入力度；企业应该积极与学校开展技术合作，为学生和教师提供完善的实践平台，为学校专业设置和课程改革提供重要的岗位信息；学校应该适时调整人才培养方案，为学生创造良好的发展机遇，搭建各种创新平台，切实促进产教融合。

八、"学赛一体化"课程开发保障制度建设研究

（一）保障制度建设的内容

课程开发是影响高职教育质量最重要的内容，也是难度最大的环节。物流管理作为一种理论性与实践性很强的专业，要求毕业生具有较强的分析与解决问题的能力，还要有良好的职业素养，这些能力只有通过校企合作课程开发才可以实现，而建立相关制度对于保证课程开发顺利进行具有十分重要的意义。总体上说，课程开发保障制度建设包括制定相关政策和建立评价标准两个方面。

1. 制定相关政策

从宏观层面上看，国家出台了很多课程开发的指导性政策，给予了很大的资金支持。《教育部关于全面提高高等职业教育教学质量的若干意见》（教高〔2006〕16 号）明确指出："高等职业院校要积极与行业企业合作开发课程""建立突出职业能力培养的课程标准"。《北京"十二五"时期教育改革和发展规划》中也明确提出"继续实施职业教育课程体系改革。构建有利于提高学生学习能力和就业选择的职业教育课程体系，校企合作共同开发专业课程"等。这些政策的出台，指明了课程开发的方向，也是"学赛一体化"课程开发建设的重要政策保障。职业院校在进行课程开发的过程中，保障政策应该以此为标准，并结合自身实际、考虑教师的水平以及学校的资金能力等进行制定。

2. 建立评价标准

评价标准在课程开发过程中起着激励导向和质量保障的作用。目前，我国主要依据国家精品课程评价标准来进行考评，市级精品课程标准或者学院级精品课程标准都是在此基础上设计的。课程评价标准要重点关注评价对象、评价主体、评价内容和评价方法等。

北京财贸职业学院一直以来十分重视课程开发和精品课程的建设，特别是在国家示范校建设的过程中，还建立了科学的管理制度和激励机制，并制定了一系列的支持政策。

（1）加大经费投入。在国家示范校建设的过程中，物流管理专业在课程建设方面投入三百多万元，学院为国家级精品课程提供 1∶1 的配套资金。资金用于课程教学大纲、教材、教学案例等教学资源的开发，实践教学软件的开发与引进，教学课件、网络课程资源的建设与维护等。课程负责人负责资金的管理，教务处负责检查、财务处负责核销与监督、主管院长负责审批。

（2）建立管理机制。比如学院制定了《精品课程建设规划》《精品课程建设实施办法》和《精品课程项目管理办法》等配套文件，管理课程开发的全过程并进行绩效考核，确保了课程建设质量。

（3）加强教改支持。学院采取积极鼓励的政策，支持教师的教学改革。对于优秀的学院级教改立项，学院单独拨付资金进行资助；对于获得北京市级和国家级的教改立项，学院重点资助；学院为参加市级、国家级精品课程建设的主讲教师推荐北京市或国家有关教改项目，并提供配套的支持措施。

（4）提供技术支持。学院为课程网络教学资源的建设和安全维护提供技术支持，加强软件和硬件建设。聘请专业的网络公司负责学院网站的维护工作，并分派专人负责课程网站管理和网络技术维护。

（二）保障制度建设的注意事项

1. 学院领导是核心

高等职业院校党政领导班子需要树立科学的人才观和质量观，把学校的发展重心放到内涵建设和教学质量上来，确保教学工作的中心地位。为此课程开发需要得到学院领导的积极认可，认识到课程开发的重要地位和作用，以充分保障课程开发顺利进行。

2. 教师是根本

课程开发是一项艰苦卓绝的创新性工作，要依赖职业院校的专职教师去调研、访谈、写报告、学习、组织专家沟通交流等，所以要充分考虑到教师的作用，制定一系列的激励措施来认可教师的辛苦付出和智慧的结晶。

3. 评价是保证

评价制度是衡量课程开发质量的标尺。评价的标准以学生自主研究性学习为核心，按照"教、学、做、赛"为一体的课程开发思路来进行评价。当然评价制度包含的内容还很多，需要全面考虑。

九、我国职业院校技能大赛的发展与思考

（一）大赛发展

"学赛一体化"课程体系的开发是基于"教学一体，做赛同步"的主线进行的，其中，通过物流大赛进行课程考核评价是"学赛一体化"课程评价的创新形式，重视对过程考核和结果考核的目的是提高学生的职业素养和综合能力，从而使学生有机会参加全国物流大赛，这也是检验课程开发成果的最好方式。

全国职业院校技能大赛（简称"大赛"）是由中华人民共和国教育部发起，联合相关部门、行业和地方共同举办的一项全国性职业院校学生技能竞赛活动。大赛作为我国职业教育工作的一项重大制度设计与创新，深化了职业教育教学改革，推动了产教融合、校企合作，促进了人才培养和产业发展，扩大了职业教育的国际交流范围，增强了职业教育的影响力和吸引力，已经成为广大师生展示风采、追梦圆梦的广阔舞台，成为促进我国职业教育改革发展的重要抓手，具有引领职业院校高水平教学的作用。

全国职业院校技能大赛省赛高职组"物流作业方案设计与实施"赛项，自2009年起已成功举办八届，涉及全国32个参赛省。大赛主要以物流作业为背景，通过竞赛检验物流人才培养体系，规范物流人才培养目标，创新物流人才培养模式，引导物流管理专业的教育教

学改革，同时吸引企业参与，促进校企深度融合，提高高职教育的社会认可度，提升培养专业人才的市场匹配度。大赛也能培养学生的职业技能、职业精神，展示参赛选手在组织管理、专业团队协作、现场问题的分析与处理、工作效率、质量与成本控制、安全及文明生产等方面的职业素养。

全国职业院校技能大赛省赛高职组"物流作业方案设计与实施"赛项，自 2009 年起参赛队伍数累计已达 3651 队，且 2009－2019 年参赛队伍已由 221 队增加到了 752 队，增长率达 240%，参赛院校截至 2019 年 4 月已累计达到 843 所，占全国开设物流专业院校数量的 78.78%。参加大赛队伍人数变化如图 1-9 所示。

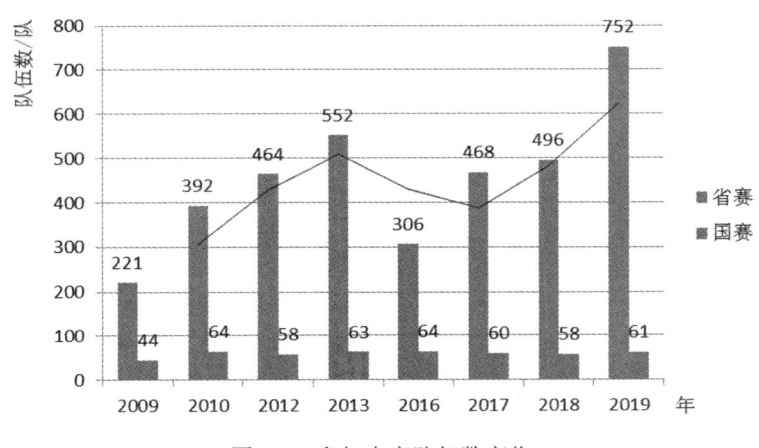

图 1-9　参加大赛队伍数变化

2019 年全国职业院校职业技能大赛在天津主赛区和北京等 21 个分赛区分别举行，共有 87 个赛项，直接参与企业近百家，参赛学生 1.7 万余人。大赛按照"精彩、专业、安全、廉洁"的办赛原则，持续深化以赛促教学、以赛促合作、以赛促环境的理念。赛项设计突出对接，涉及信息技术、智能制造、新能源等新产业、新业态的赛项有 35 项，占全部赛项的 40%；在竞赛中引入企业新技术、新设备、新工艺，使师生直接感知产业发展需求和趋势，促使学校教育与行业企业发展同步前行。大赛成果突出转化，通过资源转化的效果评价及激励，及时将大赛成果转化为职业教育的教学资源，实现大赛对教学改革和专业建设的促进作用。

（二）大赛的新特点、新变化

1. 企业深度参与，产教融合特色突出

全国职业院校技能大赛从最早的教育部门一家一地举办，发展到如今 35 个单位主办、1 个主赛区和 21 个分赛区共同承办的规模；从最早为赛而练、应赛而教，发展到以赛促教、以赛促学、以赛促改、以赛促建的模式。由于行业企业的深度参与，使得大赛的赛项涉及项目数量多，涵盖面大，与产业企业的衔接紧密。例如，《2015 年国务院政府工作报告》首次提出"要实施'中国制造 2025'，坚持创新驱动、智能转型、强化基础、绿色发展，加快从制造大国转向制造强国"。当年，在赛项设置上就突出了"工业机器人技术应用""飞机发动机拆装调试与维修""云计算技术与应用""4G 全网建设技术"等对接先进制造业，紧贴"互联网+"新业态发展等的行业发展赛项。

行业企业的深度参与，使得行业发展与专业技术技能型人才培养相互促进发展。通过大赛，院校准确把握产业、行业对人才的需求，带动了相关专业人才的培养，支撑了对应产业的发展，实现了产教共赢。以大赛为依托，众多企业主动与院校合作，将企业标准、企业文化引入赛项，引入专业教学改革，实现了大赛成果的转化，有力推动了学校教育教学改革。

大赛培训可以说是整个工作的重心与核心，北京财贸职业学院成立教学团队，进行校企联合培训。根据比赛内容，在学院的直接指导下，教学团队对考核指标认真研读，完成了大赛教学设计方案，在6队培训时，按项目教学法，以真实工作任务为载体，将考核指标细分为多个工作任务，每个工作任务包含具体上课时间、主要工作内容、采取的教学方法、使用的教学环境、取得的学习成果、应用的评价方法与培训的教学团队。在4队培训时，针对国赛的规则，重新制定培训内容，按照岗位制订新的培训方案。每个岗位熟悉自身的岗位职责，掌握相应的工作任务，设计相应的考核标准。根据三个角色对应不同岗位的考核标准，选出每人所最适合的岗位。

北京财贸职业学院还与北京德利得物流公司联合制定企业培训内容，针对性地训练学生"准职业人"的工作态度、工作方法和工作标准，严格按照企业员工的评价标准去规范业务技能和设备使用，并根据大赛要求，在现场营造真实的大赛环境。在企业专家的大力帮助下，经过近一个月的艰苦训练，学生的动手能力、合作能力、解决问题的能力得到了大幅提高。

技能大赛是一项综合的竞技舞台，要求参赛选手能力强、知识面广、综合职业素质高。北京财贸职业学院还聘请了专业教师针对学生的沟通能力、礼仪规范、计算机知识等方面进行了的培训，也取得良好的效果。

2. 培养综合能力，提升教学管理水平

为了保证物流大赛各项工作的顺利进行，作为北京市物流大赛主办方，北京财贸职业学院成立了含院长、副院长和系主任的领导小组，设立了培训组、技术组、评判组、学生组、秘书组、行政组和环境组等七个组。每组有专门的负责人和工作内容，如培训组负责培训内容的开发和参赛选手的选拔；技术组负责局域网的组建与运行、计算机设备与软件的安装调试、试听系统的安装与运行和赛事活动网站的建设与运行；学生组负责学生的思想教育、大赛文化教育，培养学生的苦练作风、大局观念、团队精神、纪律观念，展示财贸大学生的精神风貌等。按照时间进度，把大赛工作又划分为了6队选拔阶段、4队选拔阶段、训练及表演阶段和比赛阶段。每个阶段不同的工作组负责完成不同的工作任务。同时每天召开碰头会，每组每天编写工作日报，交秘书处汇总发布。

为了让更多的学生参与到大赛中来，学院灵活改变教学安排，要求专业教师发扬创新精神，将实训课程内容与大赛紧密结合。教师设计了叉车的使用、货物的堆码等新的实训内容。物流大赛这个大课堂既对学生进行了职业素养教育，又训练了他们的业务技能。另外，学生组充分发挥学生党员和入党积极分子的模范带头作用，对学生进行多次培训和指导，让他们精神饱满，态度积极，在大赛服务中以实际行动践行了学院"爱心、诚信、严谨、责任和创新"的财贸精神。

3. 形成学赛一体，引导物流发展新境界

技能大赛具有能够促进人才培养模式的改革，促进学生综合职业能力的提升，促进课程体系建设与教学能力的提升，促进实训基地建设与校企合作等十分重要的作用。

（1）促进人才培养模式的改革。职业院校人才培养模式目前适应市场的能力还不强，仍需创新。在教学上，片面强调学科知识的系统性、完整性，忽视职业和岗位的能力需求；在专业设置上，专业趋同现象严重，千校一面的现象较普遍，部分职业院校尚未形成自己的特色和专业品牌；在课程设置和教学内容上，循规蹈矩，根据市场需求变化及时调整的应对机制还未形成，许多新技术、新方法、新工艺和新标准没有及时进入课堂。毕业生的就业竞争力不强；在人才培养的途径上，部分职业院校仍然存在自我封闭、与生产实际脱节的现象。面对这些问题，开展技能大赛是推进人才培养模式改革的一条有效途径，校企合作、产学研结合的人才培养途径还需要大力推进。

技能大赛能够有效引导职业院校优化专业布局，明确专业定位，调整专业发展的方向；能够发现实训中的新问题，调整课程结构，积极开发实训课程指导教材，深化课程改革；能够有效的促进广大教师改革教学方法，探索以学生职业素养和综合能力培养为主线，强化技能训练的教学形式。

高职院校通过举办职业技能大赛，逐步实现常规化、规范化、制度化、优质化教学，形成"以赛促训，以赛代训"的局面，可以有效推进教育教学改革和提升办学质量。

（2）促进学生综合职业能力的提升。综合职业能力是指从事职业活动应具备的一般专业能力及相应的社会工作能力，它要求劳动者能独立思考、独立工作、勇于承担社会责任、善于进行交流合作，能积极应对职业活动的变化，不断更新职业知识和技能。技能大赛作为提升综合职业能力的途径，既强调了能力目标，又兼顾了能力培养的过程和环境因素的影响，体现了职业能力培养的综合性和层次性。

技能大赛结合岗位工作过程与要求对学生进行技能训练和能力培养，让学生在现实职业岗位环境中进行训练，激发了学生的自信心和荣誉感，培养了学生的创新意识和创业能力，同时也逐步培养了学生的综合职业能力。可以说技能大赛是一种导向，一种激励，在引领学生成长，促进学生进步，在使学生成为一个具有健康人格、良好职业素养和综合职业能力的合格人才方面发挥了重要作用。

（3）促进课程体系建设与教学能力的提升。技能大赛作为教学改革的新思路，要求在课程体系开发和教学内容设计时，要果断摒弃旧的内容，大胆引入新技术、新工艺、新方法和新内容。理论教学体系应以"必需、够用"为度，根据职业岗位的需要去精选专业理论知识。职业岗位需要什么，就讲什么；需要多少，就讲多少，并以实用为度，从而突出实践性。

在教学方法上，教师要转变教育观念，改革教学方法，在教学设计中突出学生的主体地位。针对不同的课程，应采用有效的教学方法，如引入项目教学法、任务驱动法等，充分提高学生认识问题和解决问题的能力。同时，作为专业教师也应通过多种形式提高自身的教学水平。还可以引进企业专家，或聘请一些有实践经验的业务能手到学校兼职任教。由此可见，职业技能竞赛对课程体系的改革和教师教学水平的提高具有明显的促进作用。

（4）促进实训基地建设与校企合作。北京财贸职业学院按照大赛要求，建立了专门的实训场所，配备了专用的软件和硬件，为选手正常训练和参加比赛提供了基础和保障。同时，此次大赛还得到了北京顺鑫物流有限公司和北京德利得物流公司等企业的大力帮助。特别是北京德利得公司，不但提供企业实训场所，而且还提供了商品和物流设备。在企业现场的模拟训练中，师傅们不怕苦、不怕累，从上班开始起一直跟着学生进行指导，无私奉献，没有一丝的抱怨，更加让人感动的是，这些师傅尽其所能，知无不言，言无不尽。他们对赛场上与叉车师傅进行沟通的方法、实操过程中应该注意的事项，也做了详细的指导。在现场训练中，师傅们还将企业现场管理的"5S"标准［企业中广泛使用的整理（Seiri）、整顿（Seiton）、清扫（Seiso）、清洁（Seiketsu）、素养（Shitsuke）］融入到日常的训练中，让学生在每天的工作中，严格按照标准作业程序操作，培养良好的行为习惯。此次大赛，改革了校企合作的新途径，创新了合作的新思路，充分体现了"工学结合、校企合作"的人才培养模式。

总之，技能大赛对物流职业教育发展的影响是深远的。通过大赛，提升了学生的职业素质、综合能力，创新了教师的教学内容、教学方法、考核评价、教学环境，也对教师职业能力的综合性提出新的要求。同时，技能大赛对深入校企合作，服务区域经济，最终实现共赢发展，提升企业影响力具有重要的意义。

（三）未来开展职业技能大赛的思考

（1）国家层面。政策上侧重于引导职业教育发展的方向，趋向于建立一个宽松的环境，利用全国的教学资源，吸引更多的行业、企业、学校、教师、学生参与到大赛中来，营造一种大赛促教学，大赛促改革，大赛促校企合作，大赛扩大职业教育影响力的发展氛围。在国家、学校、企业三者的关系上，国家搭建平台，是发展环境和发展政策的主体，学校、企业、老师、学生是平台表演的主角，同时，部分企业还是设备、资金、技术的赞助方和新技术的销售方。另外，国家政策上应该站在结合区域特色和历史文化传承的角度上，增加有关我国传统手艺项目的比赛内容，以保护和传承我国历史文化。

（2）学院层面。学院通过大赛平台，引导专业教学改革和教学模式的创新，特别是以大赛促进教师教学技能、教学方式、教学内容和考核方式的改革，以及深入企业，建立校企合作和校企实训资源的共享利用机制。同时，建立学校、市、省、国家这样梯度的教师技能大赛体制。

（3）企业层面。企业通过大赛平台主动与学校建立战略合作关系，合办订单班，发挥各自的核心能力，实现资源互补，建立学校班级课堂在企业，企业培训教室在学校的良性互动机制。同时积极深入职业教育改革，从教学内容、实训条件、技能提升、职业素养等方面与学校深入合作。

（4）国际层面。由于我国经济的发展和市场的变化，特别是国家对职业教育的支持与重视，我国的职业教育必定要走国际化的道路，必定会在世界技能大赛的平台上去展示我国职业教育水平。为此，一方面我们应该熟悉国际比赛规则，从学校开始研究国际比赛项目，按照世界大赛的规则去改革教学与培训。另一方面，我们自身还要保留传统的特色赛项，通过自身的影响力做成世界大赛项目内容。

十、储配业务综合实训项目设计

"学赛一体化"课程体系的开发是一个系统的工程，涉及的内容较多，对于不同的内容采取的方法也不尽相同，但主线都基本一致。下面结合"仓储配送中心布局与管理"项目三和项目四的内容，同时参考全国物流职业技能大赛的内容来阐述如何开发能体现"教学同步、做赛一体"思想的教学项目（任务），并在综合实践篇阐述各任务具体的教学设计过程。

（一）教学项目整体设计

1. 项目内容设计

本项目设计包括教学项目、工作任务、教学目标和课时安排四个部分。教学项目由配送中心识读、入库作业方案设计、出库作业方案设计和储配综合业务实训组成。配送中心识读主要是解读和绘制现场布局概况，熟悉区域布局分配和各区域功能定位，并能识读物流设备名称与功能。入库作业方案设计包括货物 ABC 分类计算、货物组托图绘制、上架存储货位图绘制、就地堆码存储区规划和编制托盘条码等，通过训练，掌握各任务的处理方法，会进行入库方案设计。出库作业方案设计工作任务有客户优先权分析、订单有效性分析、库存分配计划表、制订拣选作业方案、月台分配示意图绘制、车辆调度与路线优化和配装配载方案制作。储配综合业务实训是训练学生叉车地牛使用技能、出入库方案设计与实施和储配方案设计与实施。以上任务的设计与安排是按照仓库主管岗位任职要求来进行设计的。教学项目设计见表 1-19。

表 1-19 教学项目设计

教学项目	工作任务	教学目标	课时安排
项目1：配送中心布局识读	1. 解读现场布局 2. 绘制现场布局图	1. 会解释现场区域组成和功能； 2. 具有测量和绘制布局图的能力	4
项目2：入库作业方案设计	1. 计算物动量 2. 货物组托示意图绘制 3. 上架存储货位图绘制 4. 就地堆码存储区规划	1. 会 ABC 分类计算； 2. 会制定组托图； 3. 会绘制上架存储货位图； 4. 会规划就地堆码存储区	16
项目3：出库作业方案设计	1. 客户优先权分析 2. 订单有效性分析 3. 库存分配计划表 4. 制订拣选作业方案 5. 月台分配示意图绘制 6. 车辆调度与路线优化 7. 配装配载方案制作	1. 会客户优先权分析； 2. 会订单有效性分析； 3. 会制定库存分配计划表； 4. 会制订拣选作业计划； 5. 会绘制月台分配示意图； 6. 会车辆调度与路线优化； 7. 会制订配装配载方案	20
项目4：储配综合业务实训	1. 叉车地牛实训 2. 入库业务实训 3. 出库业务实训 4. 综合业务实训	1. 会地牛叉车的操作； 2. 会入库方案设计与实施； 3. 会出库方案设计与实施； 4. 会储配方案设计与实施	24
教学资源	1. 教材：《仓储配送中心布局与管理》与《仓储配送中心布局与管理实训手册》 2. 仓储配送中心布局与管理专业教学资源库课程网站 https://bb-443.webvpn.bjczy.edu.cn		

2. 教学活动整体设计思路

教学活动的目的是使学生熟练掌握教学任务，学会自主研究性学习，培养良好的职业素养和组员间的团队协作能力。为实现此目标，项目设计思路首先以个体为单位，掌握各教学任务，学会自主研究性学习的方法；其次将岗位类型作为教学载体，依据各岗位的职责，由组员分别充当不同岗位角色，以此训练并掌握各岗位的工作内容，最后选出最适合同学的岗位；最后，根据最终的角色强化训练，参加比赛，通过大赛检验学生的综合能力。另外在教学综合实训过程中，北京财贸职业学院与企业联合，按照大赛的要求，配置真实的大赛环境，设计有针对性的培训计划和考核内容。

（二）教学活动设计

1. 以教学任务设计

按照教学项目设计表1-19中的工作任务去设计具体的活动内容。每组选手同时练习，通过不同的考核方式，找出完成每项任务的最佳人选，为按照岗位分配任务打下基础。具体教学活动设计一般要包含日期、时间、主要内容、教学方法、教学环境、学习成果、成果评分和教学团队等内容。如货物组托教学设计见表1-20。

表 1-20 货物组托教学设计

日期	时间	主要内容	教学方法	教学环境	学习成果	成果评分	教学团队
4月13日	8:00—12:00	1. 托盘认知 2. 码盘方式 3. 码盘注意要点 4. 组托图的绘制	讨论法 引导法 探究法	实训室	码盘商品图的绘制		
4月13日	课后作业	撰写货位优化方案					

该任务的考核评价标准见表1-21。

表 1-21 考核评价标准

考核内容	考核指标	考核标准
货物码放方式	1. 时间 2. 正确率	1. 完成时间：1分钟内； 2. 按照不同规格码放选择
货物码放数量	1. 时间 2. 正确率	1. 完成时间：2分钟内； 2. 码放数量结果正确
货物码放层数	1. 时间 2. 正确率	1. 完成时间：2分钟内； 2. 层数结果正确，考虑货架尺寸
货物视图	1. 时间 2. 视图数量 3. 正确率 4. 视图质量	1. 完成时间：25分钟内 2. 四个视图数量 3. 视图画法正确 4. 视图美观，实用

2. 以岗位分工设计

主管岗位角色在整个项目设计与实施过程中处于核心地位，起到上传下达的作用。主管负责任务分工，整体方案的设计、具体工作安排，以及与外界的交流等。非主管岗位角色如库管员或者分拣员等则需要按照主管的指令和安排去完成相应的任务，并与其他成员配合，集体协作完成整个工作任务。主管岗位和非主管岗位角色主要的职责和具体工作任务不同，主要内容示例如下。

（1）岗位职责。

主管人员要在规定的时间内与其他组内成员一起完成方案的设计与实施。工作职责如下：

1）组织团队成员解读任务需求；
2）依据团队人员的特点分配相应的任务，并要求在规定时间内完成，达到合理调配人力的目的；
3）依据效果第一、效率为本的原则协调各团队人员之间的任务；
4）及时处理和解决团队成员提出的问题，并给出明确的处理方法；
5）建立应急方案，对意外出现的问题能及时、镇静、果断地处理；
6）具有对其他岗位的工作内容进行指导的能力；
7）及时了解团队成员心态变化，增强团队凝聚力，维护团队形象；
8）建立主管负责制，负责方案设计与实施；
9）具有协助其他成员完成具体工作任务的能力；
10）监督团队成员的着装、礼仪，要求精神饱满、举止文明。

非主管人员要接受主管的任务分配并及时完成。其工作职责如下：

1）对主管负责，接受主管指示和任务安排，并帮助主管解决一些工作问题，提高工作效率；
2）对任务实施过程中出现的问题，及时向主管报告；
3）负责大赛现场的安全卫生工作；
4）负责大赛设施与设备的操作使用，并严格遵守操作规程。

（2）具体工作内容。

1）主管岗位。主管岗位的工作内容是人员分工安排、入库方案设计、订单分析方案、编制计划与外包、执行入库作业和执行出库作业。主管工作任务如图1-10所示。

2）非主管岗位一。非主管岗位一的任务是订单有效性分析、绘制月台码放图、拣选单制定、制定货物分配计划表、执行入库作业、执行出库作业。非主管岗位一的工作任务如图1-11所示。

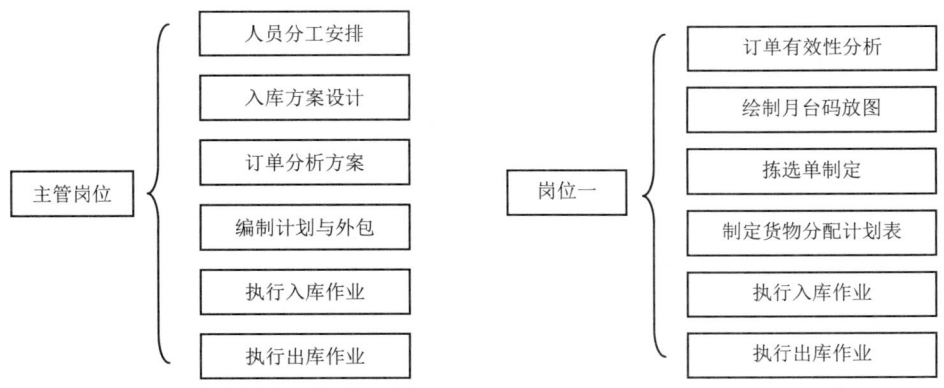

图1-10　主管工作任务　　　　图1-11　非主管岗位一的工作任务

3）非主管岗位二。非主管岗位二的工作任务是绘制货物组托及制图，绘制货位分配、货位存储图，物动量ABC计算，执行入库作业，执行出库作业。非主管岗位二的工作任务如图1-12所示。

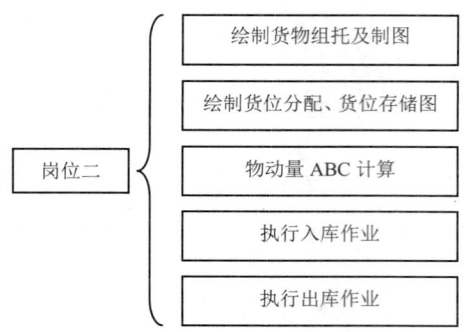

图 1-12 非主管岗位二的工作任务

下面以主管岗位为例,阐述具体的岗位内容活动设计。主管岗位的工作内容见表 1-22。

表 1-22 主管岗位的工作内容

时段	任务	工作标准	考核要求	备注
8:00—8:30	人员分工安排	形成岗位分工图	分工明确,内容完整	将各岗位的工作时段划分清楚
8:30—9:00	入库方案设计	形成入库方案的框架结构	内容框架完整、格式正确、制图美观	
9:00—9:30	订单拣选方案	形成拣选方案的框架结构	内容完整、格式正确、制图美观	
9:30—10:10	外包委托书	完成外包委托书	格式规范,内容齐全,主要包括委托事项、受托人、委托人、委托时间等,留存空白项,以便发生委托时填写	
10:10—10:50	编制作业计划	完成作业计划书	按照时间先后顺序将每位参赛队员在方案执行过程中的工作内容编制作业计划,包括设备租赁情况及可能出现的问题预案	
10:50—11:20	编制预算	完成方案预算表	包括作业过程可能发生的各种费用项目及相应的预算金额	
11:20—12:00	排版、修改、打印方案	完成方案设计	内容与格式齐全,电子与打印版齐全	
2:00—2:10	接受任务及资料、信息处理	检查资料的完整,明确任务及分工	根据任务和作业计划表进行分工	方案实施严格按照设计去执行
2:10—3:00	执行入库作业	依据相应的单据,调度人员完成入库	按照作业计划表顺序执行	
3:00—3:50	执行出库作业	依据相应的单据,调度人员完成出库	按照作业计划表顺序执行	
3:50—4:00	现场管理、提交资料,完成任务	完成所有任务及现场管理	按标准规范结束	设计规范用语,表达对裁判的谢意

主管岗位负责整个方案的设计与实施，在整个过程中其居于控制核心地位。

与主管岗位具体内容对应的主管岗位考核指标见表 1-23。

表 1-23　主管岗位的考核指标

任务	考核指标	考核标准
分工安排	1．分工时间 2．岗位职责内容 3．封皮	1．完成时间：30 分钟内； 2．各岗位工作内容清楚、工作职责明确； 3．封皮设计美观大方
入库方案设计	1．时间 2．内容格式	1．完成时间：30 分钟内； 2．内容框架完整、格式正确
订单分析方案	1．时间 2．内容格式	1．完成时间：30 分钟内； 2．内容框架完整、格式正确
编制计划与外包	1．时间 2．内容格式	1．完成时间：2 小时内； 2．内容框架完整、格式正确
方案修改、打印	1．时间 2．内容 3．排版	1．完成时间：40 分钟内； 2．内容完整、无语法错误； 3．排版美观大方
接受任务资料	1．时间 2．内容	1．10 分钟内； 2．任务明确，资料齐全，分工明确
执行入库作业	1．时间 2．内容	1．20 分钟内； 2．严格按照作业计划表执行
执行出库作业	1．时间 2．内容	1．25 分钟内； 2．严格按照作业计划表执行
现场管理、提交资料，完成任务	1．时间 2．内容	1．5 分钟内； 2．打扫现场卫生，货物归位，提示完成

3．企业培训方案

校企合作制订培训方案是"学赛一体化"课程开发的一个重要特点。培训方案结合企业实际情况和场地，依据大赛要求和不同项目内容培训学生的企业岗位认知、企业操作规范、企业安全规章制度以及有爱心、讲诚信、负责任、求严谨、重创新的职业素养等。在培训过程中，严格执行企业的管理制度，按照正式员工的要求，承担相应的责任，履行相应的义务。在完成相应的培训计划的基础上，结合比赛项目要求，与企业师傅、企业专家一起现场模拟比赛，找出操作细节上存在的每一个问题，总结操作中的经验。我校与北京德利得物流公司联合制订的北京财贸职业学院学生培训方案和培训评分表见表 1-17、表 1-18。

（三）教学方法设计与教学环境

1．教学方法

教学方法是教学设计的重点内容，好的教学方法可以取得事半功倍的效果，并能调动学生的学习积极性和参与性，训练他们在"做中学、干中学"，培养他们的社会沟通能力。"学赛一体化"课程体系包含相关的知识和操作技能。不同的内容可以采取不同的教学方法，下面介绍一些方法，供大家借鉴使用。

（1）滚雪球法（成长小组）。此方法是使受训练者就一个主题交流意见，了解该主题不同的观点，通过倾听、让步来实现共同认可的结果。规则是两个人对给定的主题进行合作、讨论并相互适应达成观点一致，并继续发展主题。两人小组彼此结合组成四人小组讨论已经取得的观点并达成一致，并继续发展主题。接着四人小组彼此结合成八人小组，八人小组结合组成16人小组……，最后达成一致的观点。

（2）接球游戏法。此教学法是让受训练者明白当面对多个目标时，要保持清醒的头脑。规则是5个人（也可以10个，不定）围成一圈传球，只能朝一个方向传给身边的人。然后再试验传递2个球、3个球等。

（3）伙伴合作法。此教学法是让两个受训练者组成伙伴关系，共同解决一个问题，学会合作，共同承担工作的责任。规则是每对伙伴接受一个任务后，共同讨论任务、制订方案并由一个人向全体汇报展示结果。

（4）小组拼图法。此教学方法是让受训练者提高社会能力和对小组的自我贡献度。当组员较多，且工作任务涉及的信息量大，在将工作任务分成几个学习内容时易于使用此法。规则是依据细分的学习内容数分成基础小组，组员熟悉该部分任务内容和常见问题。然后内容相同的成员组成专家小组，讨论任务，解释问题，找出内容核心。然后回到各自的基础小组，相互交流各自的学习内容，并解答相关问题。

2. 教学环境

教学环境包括校内机房实训教室、校内大赛实训室和校外企业工作现场。校内机房完成方案的设计，大赛实训室完成方案的实施，校外企业实训现场完成职业素养和综合职业能力的训练。

（四）教学评价设计

项目考核采取技能大赛、能力展示、方案设计、知识竞赛等形式，教师自评、小组自评和小组互评相结合的过程考核方法与结果考核方法。在综合实践篇，每个项目最后都有一个对该项目的评价，此评价是评价整个项目内容的掌握情况和教师教学组织和管理情况。此部分内容不再单独列出。考核内容与等级标准见表1-8，考核时间标准见表1-9。

在大赛环节，需要物流信息软件的支持。考虑到教学软件功能的相近性，所以在方案的实施阶段，学生可以结合自己学校的实际情况，按照设计的主要任务，借助于学校的实际条件，去实施方案。所以本书重点是完成对教学项目和任务的设计，涉及的软件系统不再过多介绍。

为了便于大家教学参考，也方便学生学习，在综合实践篇对教学项目和教学任务进行了细化，并设置了一些课堂教学内容和课后的习题，后面附有参考答案供大家参阅。

综合实践篇

项目一　配送中心布局识读

扫码看视频

●**项目目标：**
（1）会解释现场区域组成和功能；
（2）具有测量和绘制布局图的能力。
●**参考课时：** 4 课时。
●**教学环境：** 校内实训室。
（1）方案设计区；
（2）理货区；
（3）操作区；
（4）消防设施（灭火器 4 台）区。
●**使用工具：**
地牛，叉车，货架，模拟商品，电脑 50 台，卷尺 20 把，纸、笔 20 套，打印机 2 台。
●**相关知识：**

一、布局种类

（一）库内货区平面布局

库内货区平面布局分为仓库横列式布局、纵列式布局、纵横式布局、货垛倾斜式布局和通道倾斜式布局。

仓库横列式布局如图 2-1-1 所示。

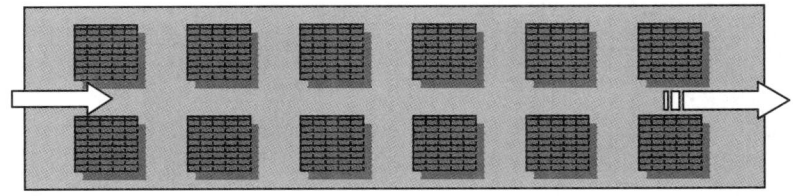

图 2-1-1　仓库横列式布局

仓库纵列式布局如图 2-1-2 所示。

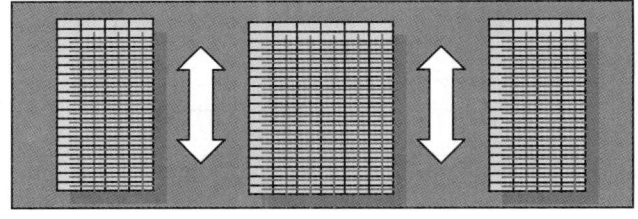

图 2-1-2　仓库纵列式布局

仓库纵横式布局如图 2-1-3 所示。

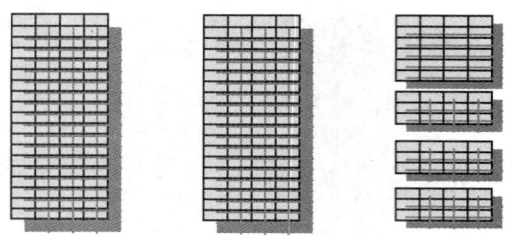

图 2-1-3　仓库纵横式布局

货垛倾斜式布局如图 2-1-4 所示。

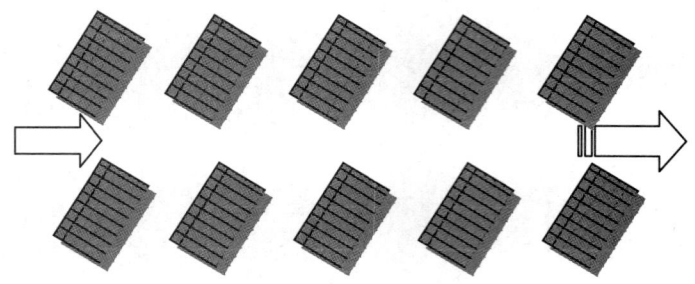

图 2-1-4　货垛倾斜式布局

通道倾斜式布局如图 2-1-5 所示。

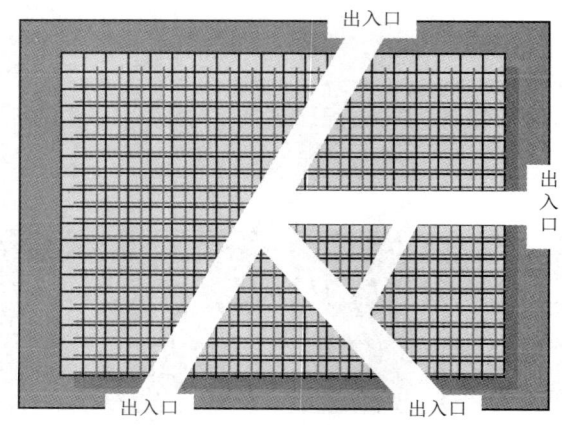

图 2-1-5　通道倾斜式布局

（二）库内业务流程布局

库内业务流程布局有直线型流动布局、U 型流动布局和 T 型流动布局。
直线型流动布局如图 2-1-6 所示。

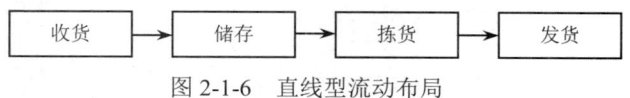

图 2-1-6　直线型流动布局

U 型流动布局如图 2-1-7 所示。

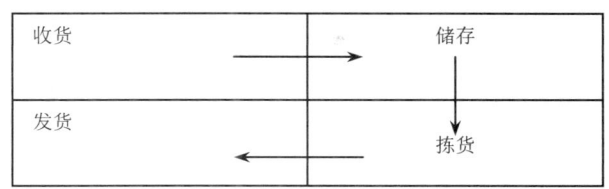

图 2-1-7　U 型流动布局

T 型流动布局如图 2-1-8 所示。

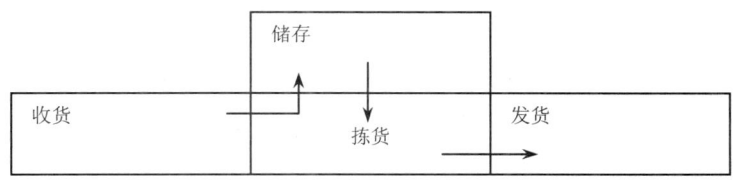

图 2-1-8　T 型流动布局

二、仓库布局设计步骤

扫码看视频

仓库布局因适应新的产品线或者便于库内工人作业而需要进行改变。设计一个仓库的布局需要详细的过程，这个过程一般包括六个步骤。

1. 定义目标

定义的目标要符合公司的整体目标，这个目标要用高水准的指标界定如降低仓库成本或者提供最佳的客户服务水平。同时，目标也应该具体，如使仓储空间最大化、仓库作业灵活性最佳或者在不增加其他成本的情况下增加仓储效率。

2. 收集信息

主要收集影响储存和物料处理效率的一些技术参数。内部的参数如柱子的数量和位置、门的数量和位置、限制高度、货架数量等；外部的参数如影响收货、储存和物料运输的信息。

3. 数据分析

数据分析就是决定是否所有的仓储目标能够实现，如果不能，则目标应该如何修改。

4. 创建计划

详细的执行计划应该包括所有创建仓库布局的步骤。定义的目标和收集的信息应该用来创建这个计划。计划应该标明任务开始的时间、完成的时间，内部或者外部承包商，是否与其他任务有关联。

5. 计划执行

为了确保仓库布局计划的实现，应该安排好时间以便仓库内的物料很少甚至没有移动。计划执行后，仓库内的所有变化都应该保证在仓库管理系统内都已经做了修改，这样在仓库管理系统内仍可以找到其所在的位置，库内盘点后的数量和实际数目应该准确一致。

6. 反馈执行

布局计划执行后，应该检查是否出现错误，如物品存放的位置，或者管理系统内的数据是否已更新。

三、布局各功能区域

一般仓库库区由生产作业区、辅助生产区和行政生活区构成。

生产作业区是仓库的主体部分，是商品储运活动的场所，主要包括储货区、铁路专用线、道路、装卸站台等。辅助生产区是为商品储运工作服务的辅助车间或服务站，包括车库、变电室、油库、维修车间等。行政生活区是仓库行政管理机构和生活区域，一般设在仓库入口附近，便于业务接洽和管理。行政生活区与生产作业区应分开，并保持一定距离。

仓库总体布局示意图如图 2-1-9 所示。

图 2-1-9 中，储存的主要物资为农副产品、建材、钢材、快速消费品等。整个仓库平面位置被铁路分为南北两部，北部为货场区，南部为仓库区。仓库区兼有地磅和验货功能，适用于价值比较高，辨别相对复杂的货物。这种布置方式的优点在于各功能区划比较合理，利用充分，装卸方便。

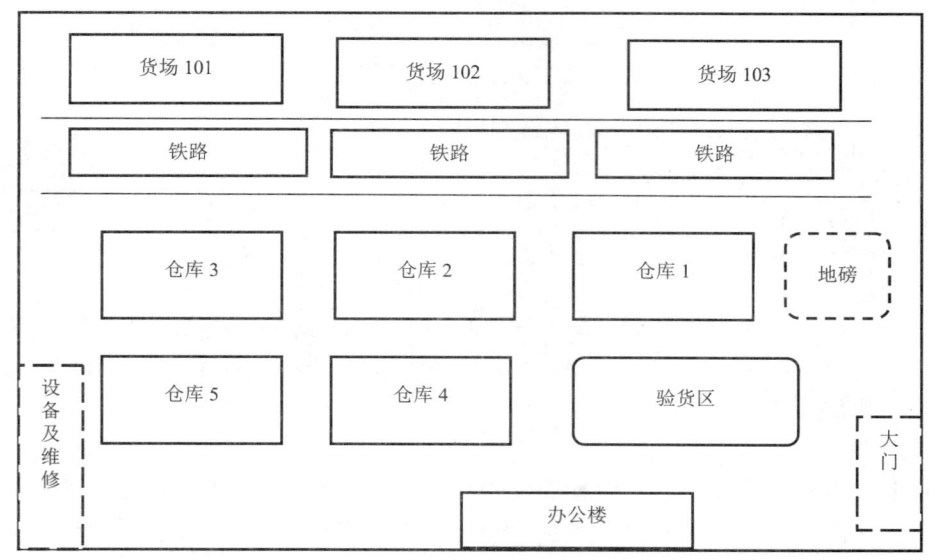

图 2-1-9 仓库总体布局示意图

四、五距

商品堆码要做到货垛之间，货垛与墙、柱之间保持一定距离，留有适宜的通道，以便商品的搬运、检查和养护。要把商品保管好，"五距"很重要。五距是指顶距、灯距、墙距、柱距和堆距。墙距是指货垛与墙之间的距离。留墙距主要是防止渗水，便于通风散潮。五距图示如图 2-1-10 所示。

五、绘制布局图的工具

平面布局图的绘制一般掌握 Office 工具就可以，如 Word、Visio 等，Visio 软件的使用网上可以找到相关教程。绘图软件如 CAD 等也可以，但比较复杂。目前有专用 3D 的动画绘图软件，可以实现布局的三维显示，如 taraviewer 软件。

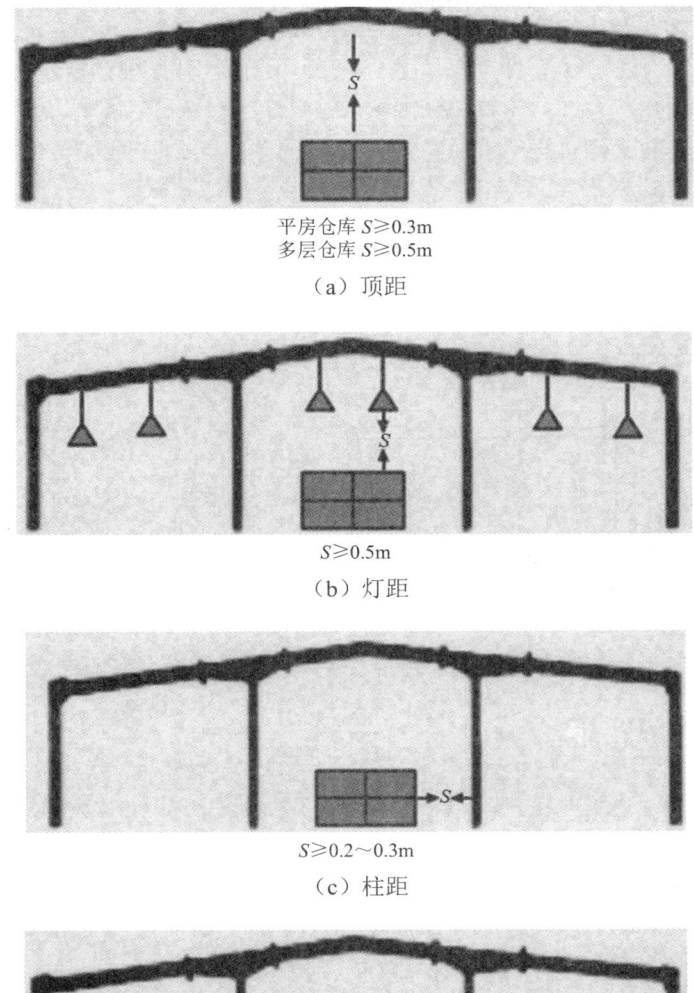

平房仓库 $S \geq 0.3\text{m}$
多层仓库 $S \geq 0.5\text{m}$
（a）顶距

$S \geq 0.5\text{m}$
（b）灯距

$S \geq 0.2\sim0.3\text{m}$
（c）柱距

$S \geq 0.5\text{m}$
（d）货距

图 2-1-10　五距图示

六、测量知识

卷尺是日常使用中最主要的测量工具。

卷尺的主要类型为钢卷尺，其次是皮尺。皮尺和卷尺公制刻度相同，皮尺的一厘米就等于卷尺的一公分（1 公分=1 厘米）。皮尺的反面是市制刻度（市尺、市寸）；卷尺的正面分上下两部分，一边是公制刻度（公尺、公分），另一边是英制刻度（英尺、英寸）。电视机、显示器和牛仔裤的尺码都是英寸。在国内，量衣皮尺常用的是市制刻度。一面 150 厘米，另外一面

45市寸。我们常说的2尺1、2尺2的腰，就是市寸的单位。

卷尺上的数字分为两排，一排数字单位是厘米（cm），另一排单位是英寸，1厘米约等于0.3937英寸，1英寸约等于2.54厘米，所以两个数字相距较短的数字单位是厘米，较长的为英寸，厘米的数字字体也比英寸的小，100厘米等于1米，一般使用厘米。

七、一般技术设计绘图规范

（1）图框选择：图框线用粗实线绘制，一般情况标题栏位于图纸右下角，也允许位于图纸右上角。标题栏中文字书写方向即为看图方向。绘图格式如图2-1-11所示。

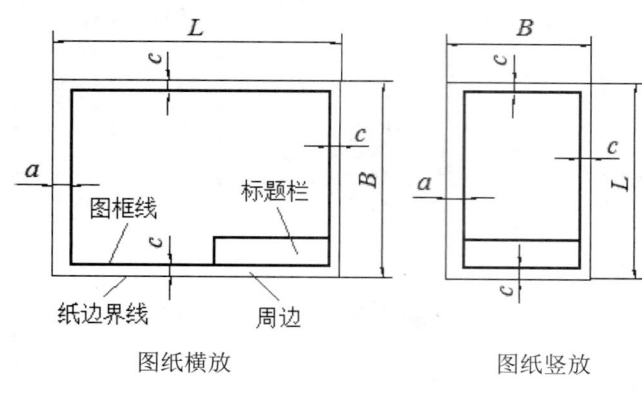

图2-1-11　绘图格式

（2）标题栏选择：标题栏的基本要求、内容、尺寸和格式在《技术制图标题栏》（GB/T 10609.1－1989）中有详细规定。在学习本课程时可暂用简单的格式。

（3）制图比例选择：绘制图样时应优先选取下表中所规定的比例。

（4）制图比例选择：《技术制图字体》（GB/T 14691－1993）规定了图样中汉字、数字、字母的书写格式。

基本要求：图样中书写字体必须做到：字体端正、笔画清楚、间隔均匀、排列整齐。

字体高度：字体的高度（h，单位：mm）系列为2.5、3.5、5、7、10、14、20。字高以"字号"称之，如5号字即字高为5 mm。若要书写更大的字，字高应按比例递增。

汉字：汉字为长仿宋体，并采用国家正式公布的简化字，字宽约为字高的三分之二。字高不应小于3.5号，以避免字迹不清。

书写要点：横平竖直、注意起落。结构均匀、填满方格。

（5）绘图图线要求。

基本线型及应用：粗实线、细实线、波浪线、虚线。

图线宽度：工程图样中的图线宽度有粗、细两种，其线宽比为2∶1。线宽推荐系列为：0.13、0.18、0.25、0.35、0.5、0.7、1、1.4、2（mm）。

（6）电脑绘图规范：电脑绘图依据手绘图规范要求，学习本课程不必使用专业绘图软件进行绘制。可以运用Office绘图软件绘制，或者使用Word文本框、Excel表格绘制均可。

标注与手绘图标准相同。

任务 1　识读现场布局

扫码看视频

一、任务概述

识读布局任务概况见表 2-1-1。

表 2-1-1　识读布局任务概况

工作目标	现场布局解读
工作环境	校内物流实训室
所需工具	布局图、电脑 50 台
任务描述	熟悉比赛场地布局，能够说明各区域功能和涉及的物流设备名称与功能
任务资料	布局图、局域网络
工作成果	布局说明和设备介绍
注意事项	1．内容翔实 2．PPT 设计美观、实用 3．认真、仔细

二、工作任务

依据给定的布局图，解释区域功能和各区域设备的名称和功能。现场布局图如图 2-1-12 所示。本任务工作页见表 2-1-2。

表 2-1-2　任务工作页

项目			任务	
组别及成员分工	组别		主管	
	信息员		操作员	
填写者姓名			时间	
行动学习阶段				
信息获取/分析				
计划				
决策				
实施/执行				
质量检查				
反思/优化				

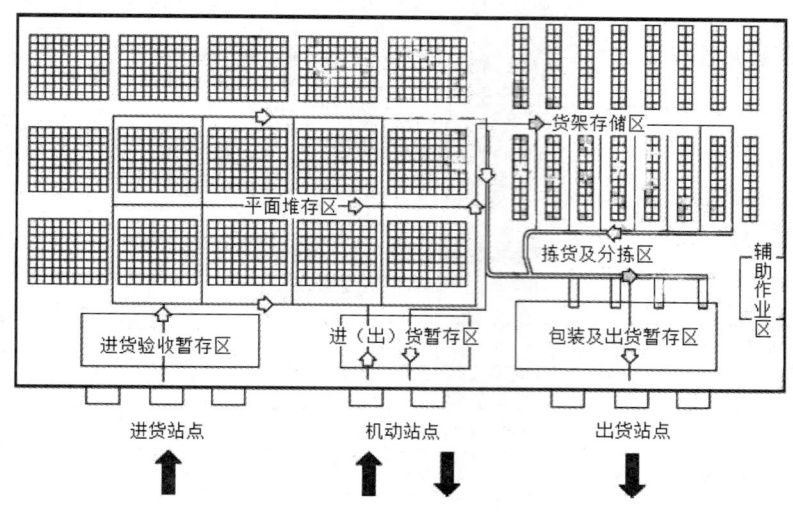

图 2-1-12 现场布局图

三、工作内容

第一：参观现场，熟悉现场布局。
要求：（1）划分工作小组，每组 3 人；
（2）现场参观，熟悉现场布局。
第二：辨识现场区域。
要求：（1）依据所学，辨识现场区域；
（2）教师下发现场布局图，学生识读；
（3）教师回收现场布局图，学生再辨识现场区域。
第三：解读区域功能。
要求：（1）教师讲解现场区域功能；
（2）学生分小组讨论，逐一发言，记录讨论内容；
（3）在规定时间内完成，10 分钟/组。
具体实施步骤：

（1）现场布局图分为多个区域：进货验收暂存区、货架存储区、平面堆存区、包装及出货暂存区、拣货及分拣区、辅助作业区等组成。

（2）进货验收暂存区主要是负责收货、验货、暂时存储等；货架存储区主要是实现货物的货架存储功能；平面堆存区主要是需要就地堆码货物的存储区域；拣货及分拣区主要是完成货物的拣选和分拣理货等。

（3）根据布局图识别各区域所配置的设施设备名称和功能。货架存储区主要配置不同类型的货架、叉车、地牛、托盘等，如托盘式货架、重力式货架等；进货验收暂存区主要是配置起重设备或者测量设备等。

（4）作业通道是设备作业的主要路径，一般非工作人员禁止入内。同时不同的设备作业区域不尽相同。

注意：

（1）在作业现场，绘制布局草图时，应该通过不同的方法，如米尺法、步长法、臂长法、手指法等测量，并在草图上标注。

（2）根据布局图应该可以绘制出大概业务流程图。

（3）任务工作页是小组在进行每项任务前的准备、计划、沟通和解决的过程记录，可以包含图片、流程、理论等概括性内容。

（4）安全逃生路线应该标注出来。

四、赛场点兵

扫码看视频

（一）比赛内容

识读如图 2-1-13 所示的布局图，说明各区域功能和业务流程。

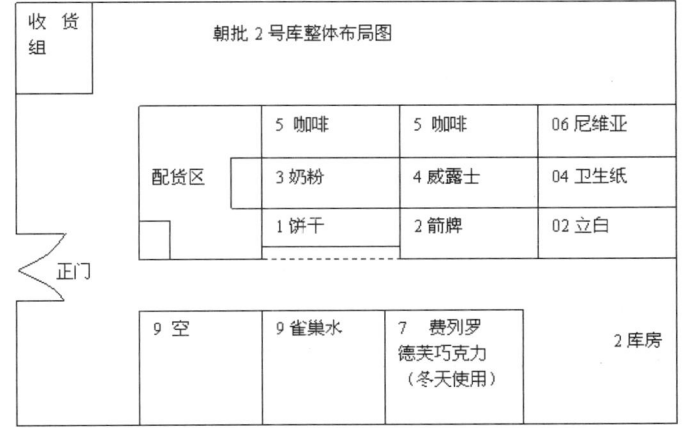

图 2-1-13　仓库布局图

（二）评价指标

评价指标见表 2-1-3。

表 2-1-3　评价指标

考核项目	评分标准	总分值	得分值
1．设备识读	现场设备名称和功能解读不正确者一个扣 5 分	25	
2．五距识读	五距识读不正确者一个扣 5 分	25	
3．货区划分	货区区域划分解读不正确者一个扣 5 分	30	
4．团队合作	团队是否有组织、有计划、有协作	20	
	总分（100 分）		

任务 2　绘制现场布局图

扫码看视频

一、任务概述

绘制现场布局图任务概况见表 2-1-4。

表 2-1-4　绘制现场布局图任务概况

工作目标	现场布局绘制
工作环境	物流实训室
所需工具	纸、笔、卷尺、直尺 20 组，电脑 20 台
任务描述	熟悉绘图软件的使用，会用量具测量现场，能绘制出布局图，熟悉布局构成
任务资料	量具、布局图、局域网络、绘图软件
工作成果	布局说明和设备介绍
注意事项	1. 安全第一 2. 爱护量具 3. 认真、仔细 4. 团队协作

二、工作任务

一是使用量具完成现场尺寸的测量，绘制现场草图；二是使用绘图工具绘制现场布局图，并标注尺寸。任务工作页见表 2-1-5。

表 2-1-5　任务工作页

项目			任务	
组别及成员分工	组别		主管	
	信息员		操作员	
填写者姓名			时间	
行动学习阶段				
信息获取/分析				
计划				
决策				
实施/执行				
质量检查				
反思/优化				

三、工作内容

第一：学生测量现场区域尺寸。
要求：（1）学生分小组测量现场尺寸；
　　　（2）记录相关数据，数据取整。
注意：正确使用量具，爱护量具。
第二：依据尺寸数据，以 1:100 的比例手工绘制现场布局图。
要求：（1）使用 A4 纸、铅笔绘制；
　　　（2）要标注尺寸，单位是毫米；
　　　（3）标注区域名称。
第三：提交手工图。
第四：依据手工布局图，绘制电脑现场布局图，打印并提交。
具体实施步骤（以一个作业单元为例使用 Word 绘制即可）。
（1）打开 Word 绘图工具；
（2）用直线工具绘制；
（3）使用文本框输入汉字；
（4）标注尺寸。
注意：熟悉 Word 绘图功能，按照一定的比例去绘制。

四、赛场点兵

（一）比赛内容
选择合适的软件，绘制出现场布局图，如图 2-1-14 所示，并介绍各区域和设备的名称和功能。

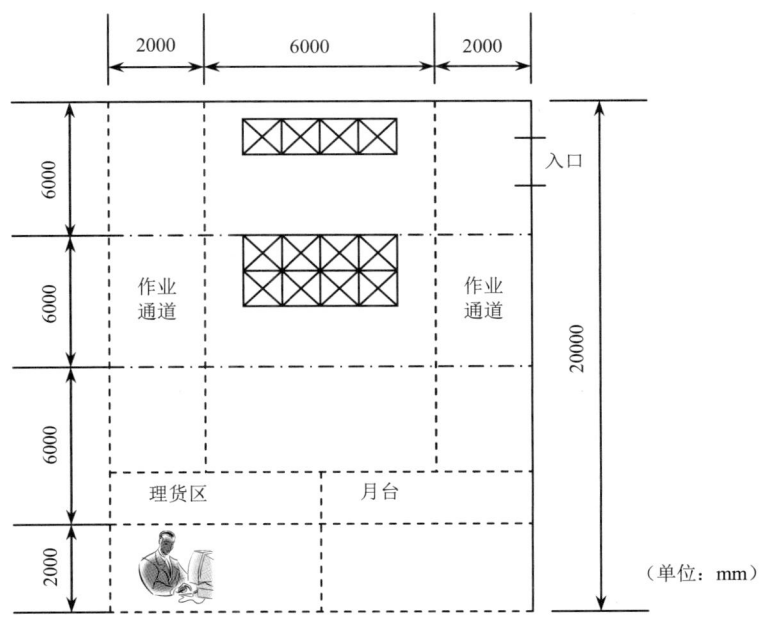

图 2-1-14　现场布局图

（二）评价指标

评价指标见表2-1-6。

表2-1-6 评价指标

考核项目	评分标准	总分值	得分值
1. 设备识读	现场设备名称和功能解读不正确者一个扣5分	25	
2. 货区划分	货区区域划分解读不正确者一个扣5分	25	
3. 绘图完整	尺寸和区域标注不正确者一个扣5分	30	
4. 团队合作	团队是否有组织、有计划、有协作	20	
总分（100分）			

附件 相关学习资源

1. 教材

[1]张晓东. 物流园区布局规划理论研究[M]. 中国物资出版社，2004

[2]钱为群. 展览展示设计与布局[M]. 中国劳动社会保障出版社，2007

[3]陶经辉. 物流园区布局规划与运作[M]. 中国物资出版社，2009

[4]曹岩，陈桦. Microsoft Office Visio 2003 简体中文版精通与提高[M]. 西安交通大学出版社，2008.

[5]华诚科技. Word/Excel/PowerPoint 三合一办公应用[M]. 机械工业出版社，2012.

2. 论文

[1]朱江洪. 物流园区仓库布局改善设计[J]. 物流技术，2011，30（5）：131-134.

[2]高建英. 临汾万佳福仓储超市的仓库布局规划设计[J]. 物流技术，2011，30（9）：208-211.

[3]黄童圣，李良春，孙士泽. 基于装备物流供应链的后方军械仓库布局优化[J]. 包装工程，2010，31（5）：109-111.

[4]冯梅，成耀荣. 钢铁企业仓库布局优化及物流量分配研究[J]. 武汉理工大学学报，2010（11）：126-129，134.

[5]田素诚. 用 Visio 2007 绘制现场平面图[J]. 警察技术，2010（06）：73-76.

[6]张玉环，萧淑霞. 基于 Visio 软件的图形绘制技巧[J]. 电脑知识与技术，2005（3）：11-12.

[7]陈怀妍，张晓毓. 利用 Word 绘图功能绘制简图的技巧[J]. 有线电视技术，2005（17）99-101.

3. 国内电子资源

[1] http://wenku.baidu.com/view/9ca5e74669eae009581becae.html.

[2] http://doc.mbalib.com/view/a2898837c948338f5dfdbe8bc23de710.html.

[3] http://v.youku.com/v_show/id_XMzE1MDE1Nzc2.html.

[4] http://www.clb.org.cn/Print/InfoPrint.aspx?ID=63334.

4. 国外电子资源

[1] http://www.strategosinc.com/warehouse.htm.

[2] http://www.youtube.com/watch?v=RUW-1JjABsg.

项目二 入库作业方案设计

●**项目目标**：
（1）会 ABC 分类计算；
（2）会制定组托图；
（3）会绘制上架存储货位图；
（4）会规划就地堆码存储区；
（5）会编制托盘条码。

●**参考课时**：16 课时。
●**教学环境**：校内实训室。
●**使用工具**：

塑料托盘 1200×1000×160（mm）50 个，电脑 50 台，卷尺 20 把，标准货架 5 组，地牛 2 个，纸、笔 20 套，打印机 2 台。

●**相关知识**：

一、ABC 分类

扫码看视频

（一）分类标准

（1）将存货单元累计 20%，但是成本占总成本的 80% 的物料划分为 A 类库存；
（2）将存货单元在 20%~50%，成本占总成本 15% 的物料划分为 B 类库存；
（3）将存货单元在 50%~100%，成本占总成本 5% 的物料划分为 C 类库存。

字母 A、B 和 C 代表不同的分类且其重要性递减，将物料分为 3 级也不是绝对的。在实践中，人们常以产品品种数量和对应的金额作为划分标准，也可以用品种数和累计周转量作为划分标准。如果商品数量多，可以再进行一次 ABC 分类，即多重 ABC 分类，它是在第一次 ABC 分类基础上，再进行一次 ABC 分类。本书我们使用的 ABC 分类标准见表 2-2-1。

表 2-2-1 ABC 分类标准

累计品种所占比重/%	0＜A≤8	8＜B≤24	24＜C≤100
累计周转量所占比重/%	0＜A≤65	65＜B≤90	90＜C≤100

（二）管理准则

在库存管理过程中，ABC 分类库存管理见表 2-2-2。另外，在存储过程中通常 A 类商品放在货架第一层，B 类放在货第二层，C 放在货架第三层及以上。

（三）计算步骤

（1）收集数据（针对不同的分类对象和分类内容，收集有关数据）；
（2）统计汇总；
（3）编制 ABC 分类表；
（4）绘制 ABC 分类图；
（5）确定库存管理方式。

表 2-2-2 ABC 分类库存管理方法表

管理类别	分类 管理方法	A	B	C
检查		经常检查	一般检查	以季或年度检查
统计		详细统计	一般统计	按金额统计
控制		严格控制	一般控制	金额总量控制
安全库存量		控制较低	较大	允许最高

二、组托方式

常见的组托码放方式如图 2-2-1 所示。

扫码看视频

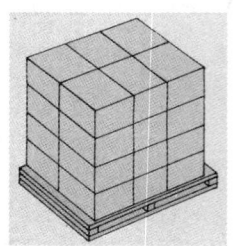

（a）重叠式

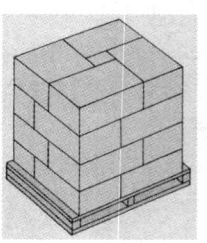

（b）旋转交错式

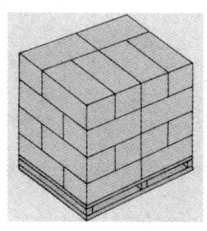 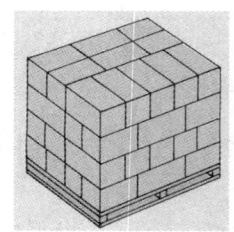

（c）正反交错式

图 2-2-1 组托示意图

另外，其他组托形式如饼干、饮料、方便面的码放如图 2-2-2 所示。

产品码放		产品码放		产品码放		产品码放	
[3+2]24入	15×10 四层变方向	[3+2]四连	13×5 两层变方向	轻巧薄片	12×9 两层变方向	米饼特惠装	6×6
[3+2]48入	12×10 四层变方向	米饼	12×5 两层变方向	蛋酥卷	12×6 两层变方向	妙芙	8×10 四层变方向
咸、甜酥24入	12×10 四层变方向	彩笛卷	9×9 两层变方向	蛋卷礼盒	8×5 每层变方向		
咸、甜酥四连	8×10 四层变方向	乐芙球	9×8 两层变方向	蛋卷家庭装	8×6 两层变方向		

（a）饼干码放标准

产品码放		产品码放		产品码放	
TP250	18×8 两层变方向	PET350	15×8 两层变方向	TP330	16×8 两层变方向
TP375	12×8 两层变方向	PET490	6×18 两层变方向	CAN340 24入	10×10 两层变方向
CAN340 12入	20×10 两层变方向	PET500	6×15 两层变方向		
纯净水	6×15 两层变方向	八宝粥	20×10 两层变方向		

（b）饮料码放标准

图 2-2-2 其他组托形式

（c）方便面码放标准

图 2-2-2　其他组托形式（续图）

三、就地堆码货垛可堆层数、占地面积的确定

扫码看视频

1. 占地面积=总件数/可堆层数×每件商品底面积
2. 不用货架，货垛可堆层数的三种算法

（1）地坪不超重可堆层数计算方法。

以一件商品来计算：

不超重可堆高层数=库房地坪每平方米核定载重量/商品单位面积重量（毛重/底面积）

以整垛商品来计算：

不超重可堆高层数=整垛商品实占面积×地坪核定载重量/每层件数×每件重量

（2）货垛不超高可堆层数。

　　不超高可堆层数=库房可用高度/每件商品的高度

（3）最底层商品承载能力不超重可堆高层数。

　　不超重可堆高层数=底层商品允许承载的最大重量/单件重量+1

取以上三者最小值，作为最高堆垛层数

3. 货垛底层排列

——货垛底数计算=货垛总件数/可堆高层数

——货垛底形排列

4. 库场单位面积技术定额

库场单位面积技术定额是指库场地面设计和建造所达到的强度，单位是 t/m^2。如某仓库标

注 2.8 t/m²，表示该货位的最大允许存放货物的数量一般为 2.5～3 t/m²。

5. 货物单位面积堆存定额

货物单位面积堆存定额是指货物本身的包装及其本身强度所确定的堆高限定。如某显示器注明限高 5 层，每箱底面积为 0.8m×0.8m，每箱重 65kg，则该显示器的单位面积定额为 $65×5/(0.8×0.8)=507.8$ kg/m²≈0.5 t/m²。

6. 仓容

仓容是指仓库使用面积乘以仓容定额，它反映了仓库的最大储存能力。

单位仓容定额大小取决于单位面积技术定额和货物单位面积堆存定额的较小者。

7. 货垛的基本形式

货垛的基本形式有重叠式、中心留空通风式、纵横交错式、仰伏相间式、压缝式和栽柱式。货垛形式如图 2-2-3 所示。

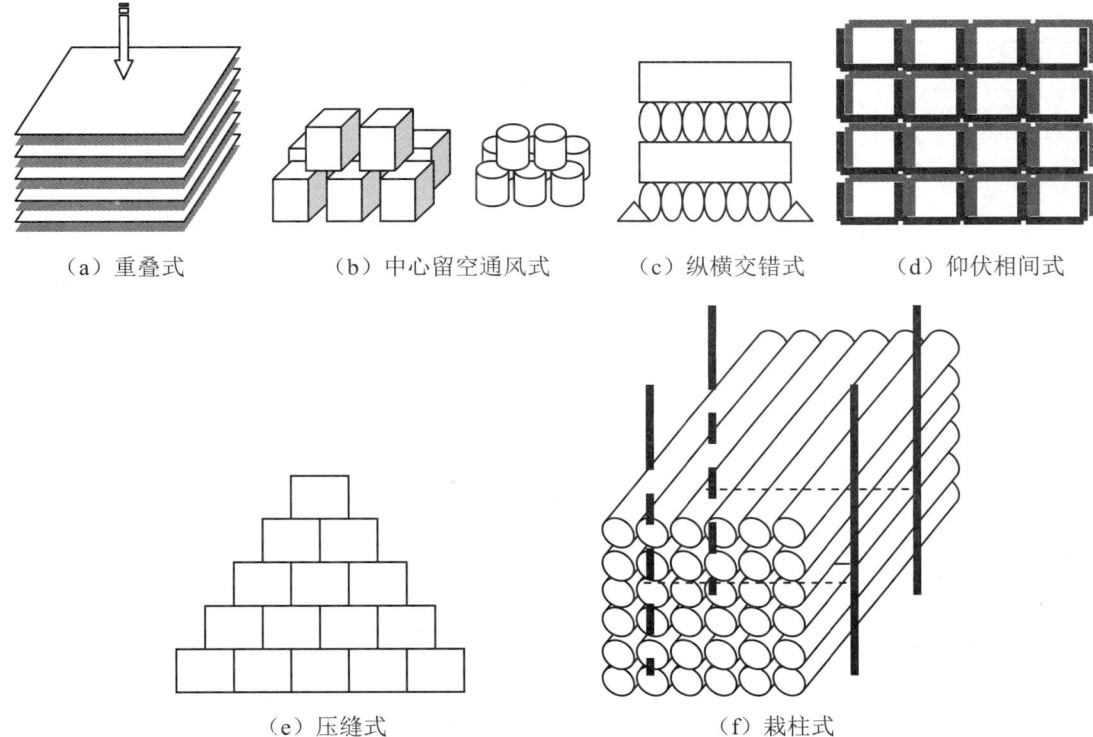

（a）重叠式　（b）中心留空通风式　（c）纵横交错式　（d）仰伏相间式

（e）压缝式　（f）栽柱式

图 2-2-3　货垛形式

四、储位分配

储位分配遵循的原则是：

（1）为方便出入库，物品必须面向通道进行保管；

（2）尽可能地向高处码放，提高保管效率；

（3）"出货"频率高的放在近处，"出货"频率低的放在远处；

（4）"重货"放在近处，"轻货"放在远处；

（5）"大型货物"放在近处，"小型货物"放在远处；

扫码看视频

(6)"一般物品"放在下层,"贵重物品"放在上层;

(7)"重货"放在下层,"轻货"放在上层;

(8)"大型货物"放在下层,"小型货物"放在上层;

(9)加快周转,先入先出。

对于面积较大的配送中心,为了提高拣选效率,常将储位分为永久存储区和暂时存储区,前者存储时间较长,后者主要存储周转量较大的货物。如果是货架存储,也可以将 A 类商品存在第一层,如在全国职业院校技能大赛中,储位分配就是根据 ABC 分类的结果考虑的,A 类的商品存放在货架第一层距离出库口最近的位置,要求最易出库,耗费时间最少;B 类商品要存放在第二层的位置;C 类商品由于周转量低,一般存储在货架的三层及以上的位置。

入库商品货位确定后,要制定出货位存储表,见表 2-2-3。

表 2-2-3 货位存储表

序号	品名/规格	供应商	货品编号	单位	储位	预计进货数量	实际进货数量

主管: 经办:

或者绘制货位存储图,如图 2-2-4 所示。阴影部分的货位为入库货物的货位,在商品名称后面标注入库数量,以便在实施时方便作业。

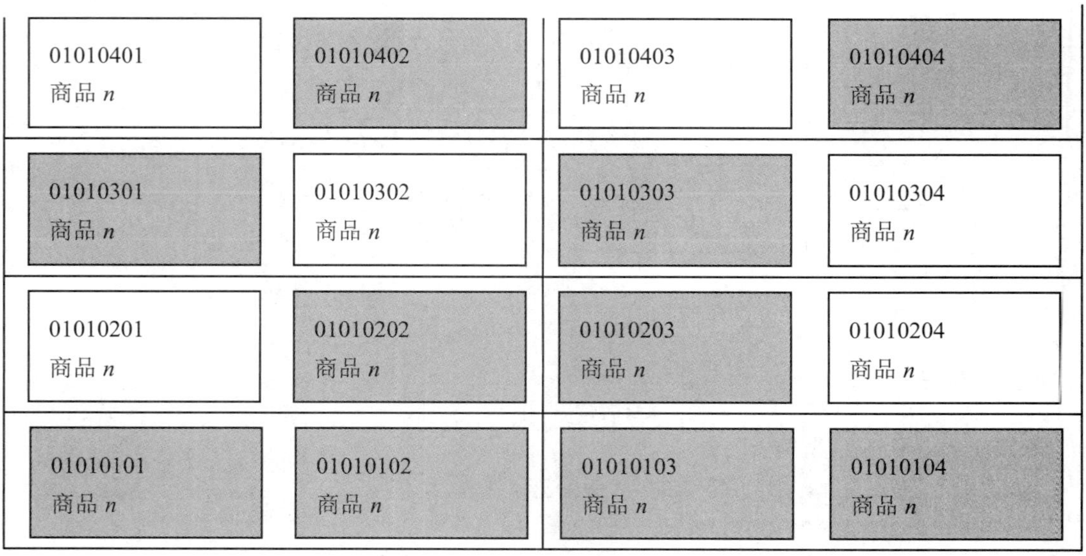

01010401 商品 n	01010402 商品 n	01010403 商品 n	01010404 商品 n
01010301 商品 n	01010302 商品 n	01010303 商品 n	01010304 商品 n
01010201 商品 n	01010202 商品 n	01010203 商品 n	01010204 商品 n
01010101 商品 n	01010102 商品 n	01010103 商品 n	01010104 商品 n

主管: 经办:

图 2-2-4 货位存储图

任务 1 物动量计算

一、任务概述

物动量计算概况见表 2-2-4。

扫码看视频

表 2-2-4 物动量计算概况

工作目标	学会 ABC 分类方法
工作环境	物流实训室
所需工具	电脑
任务描述	根据历史数据,对不同的商品种类进行 ABC 分类,提高库存管理的水平
任务资料	商品历史数据表,Office 软件
工作成果	得出分类结果并给予解释
注意事项	1. 步骤清楚 2. 文字、数据录入准确 3. 认真、仔细 4. 解释合理

二、工作任务

财贸物流公司某时间段的出库数据见表 2-2-5,计算物动量,并解释分类结果,结果保留 4 位有效数字。分类按照 ABC 分类标准进行,见表 2-2-1。最后,完成任务工作页,见表 2-2-6。

表 2-2-5 出库数据

货品编码/条码	货品名称	出库量/箱
6901521103123	诚诚油炸花生仁	50
6902774003017	金多多婴儿营养米粉	1200
6903148042441	吉欧蒂亚干红葡萄酒	50
6917878007441	蜂圣牌蜂皇浆冻干粉片	458
6918010061360	脆香饼干	48
6918163010887	康师傅方便面	27
6920855052068	利鑫达板栗	150
6920855784129	黄桃水果罐头	217
6920907800173	休闲黑瓜子	4
6931528109163	玫瑰红酒	45
6932010061808	神奇松花蛋	44
6932010061815	兴华苦杏仁	243
6932010061822	爱牧云南优质小粒咖啡	700
6932010061839	联广酶解可可豆	165

续表

货品编码/条码	货品名称	出库量/箱
6932010061846	隆达葡萄籽油	100
6932010061853	乐纳可茄汁沙丁鱼罐头	12
6932010061860	金谷精品杂粮营养粥	17
6932010061877	华冠芝士微波炉爆米花	390
6932010061884	早苗栗子西点蛋糕	20
6932010061891	轩广章鱼小丸子	15
6932010061907	大嫂什锦水果罐头	1
6932010061914	雅比沙拉酱	30
6932010061921	山地玫瑰蒸馏果酒	55
6932010061938	梦阳奶粉	78
6932010061945	大牛牛奶	80
6932010061952	日月腐乳	9
6932010061969	鹏泽海鲜锅底	11
6932010061976	大厨方便面	25
6932010062065	大王牌大豆酶解蛋白粉	451
6939261900108	好娃娃薯片	400

表 2-2-6　任务工作页

项目			任务	
组别及成员分工	组别		主管	
	信息员		操作员	
填写者姓名			时间	
行动学习阶段				
信息获取/分析				
计划				
决策				

续表

实施/执行	
质量检查	
反思/优化	

三、工作内容

第一：学生熟悉 ABC 分类知识。

要求：（1）划分工作小组，每组 3 人；

（2）教师下发 ABC 分类原理知识表；

（3）组内按照"轴承法"学习。

第二：计算物动量。

要求：（1）教师发放任务单；

（2）教师演示物动量计算方法；

（3）小组逐一练习物动量计算；

（4）在规定时间内完成，10 分钟/组。

第三：教师点评总结。

具体实施步骤：

（1）首先将数据输入 Excel 表格里面，然后对出库量进行降序排列；

（2）对出库量数据进行求和；

（3）求每种商品出库量占总出库量的百分比；

（4）求累积百分比；

（5）按照 ABC 分类标准计算，计算结果见表 2-2-7。

表 2-2-7　计算结果

货品编码/条码	货品名称	出库量/箱	百分比/%	累计占比/%	累计品种数	累计品种占比/%	分类结果
6902774003017	金多多婴儿营养米粉	1200	23.55	23.55	1	3.33	A1
6932010061822	爱牧云南优质小粒咖啡	700	13.74	37.29	2	6.67	A2
6917878007441	蜂圣牌蜂皇浆冻干粉片	458	8.99	46.28	3	10.00	B1
6932010062065	大王牌大豆酶解蛋白粉	451	8.85	55.13	4	13.33	B2
6939261900108	好娃娃薯片	400	7.85	62.98	5	16.67	B3

续表

货品编码/条码	货品名称	出库量/箱	百分比/%	累计占比/%	累计品种数	累计品种占比/%	分类结果
6932010061877	华冠芝士微波炉爆米花	390	7.65	70.64	6	20.00	B4
6932010061815	兴华苦杏仁	243	4.77	75.41	7	23.33	B5
6920855784129	黄桃水果罐头	217	4.26	79.67	8	26.67	C1
6932010061839	联广酶解可可豆	165	3.24	82.90	9	30.00	C2
6920855052068	利鑫达板栗	150	2.94	85.85	10	33.33	C3
6932010061846	隆达葡萄籽油	100	1.96	87.81	11	36.67	C4
6932010061945	大牛牛奶	80	1.57	89.38	12	40.00	C5
6932010061938	梦阳奶粉	78	1.53	90.91	13	43.33	C6
6932010061921	山地玫瑰蒸馏果酒	55	1.08	91.99	14	46.67	C7
6901521103123	诚诚油炸花生仁	50	0.98	92.97	15	50.00	C8
6903148042441	吉欧蒂亚干红葡萄酒	50	0.98	93.95	16	53.33	C9
6918010061360	脆香饼干	48	0.94	94.90	17	56.67	C10
6931528109163	玫瑰红酒	45	0.88	95.78	18	60.00	C11
6932010061808	神奇松花蛋	44	0.86	96.64	19	63.33	C12
6932010061914	雅比沙拉酱	30	0.59	97.23	20	66.67	C13
6918163010887	康师傅方便面	27	0.53	97.76	21	70.00	C14
6932010061976	大厨方便面	25	0.49	98.25	22	73.33	C15
6932010061884	早苗栗子西点蛋糕	20	0.39	98.65	23	76.67	C16
6932010061860	金谷精品杂粮营养粥	17	0.33	98.98	24	80.00	C17
6932010061891	轩广章鱼小丸子	15	0.29	99.27	25	83.33	C18
6932010061853	乐纳可茄汁沙丁鱼罐头	12	0.24	99.51	26	86.67	C19
6932010061969	鹏泽海鲜锅底	11	0.22	99.73	27	90.00	C20
6932010061952	日月腐乳	9	0.18	99.90	28	93.33	C21
6920907800173	休闲黑瓜子	4	0.08	99.98	29	96.67	C22
6932010061907	大嫂什锦水果罐头	1	0.02	100.00	30	100.00	C23
合计		5095					

注意：

（1）物动量 ABC 分类结果仅代表某时间段的周转量变化情况，随着统计周期变化会有变化。

（2）一般情况下 A 类货物放置到货架第一层，B 类货物放置到货架第二层，C 类货物放置到货架第三层。实践中，如果对于某层货位不够，需要将货物放置到其他层，如 A 货放置到第二层或者 C 货放置到第二层，判断的依据是 ABC 的顺序。比如，对于 C 类货物，如果第三层以上货位不够，应该将最靠近 B 类货物的 C 类货物放置到第二层，并且将货物数量少的托盘存放在第二层，目的是尽快释放这个货位。当货物存放层数变化时，应该按照新的条件计算货物使用托盘数量和堆码层数。其中，存放在第一层的货物，如果托盘直接存在地上，考虑地面的承载量大于单货位的承载量，一般地面仅需考虑堆码高度即可。

（3）货物入库时要考虑特殊情况，如果保质期较短（如 3～7 天），此货物将不进行入库，来订单后直接出库。另外有可能后入库的货物（不是同一批次的）生产日期较早，出库时要优先出库保质期短的货物。

（4）不同批次的货物一般情况下不允许存放到同一个货位，在特殊情况下为了减少货位占用，必须放到一个货位上时，应该在系统里注明，并在货卡上标注清楚，以便正确出库。

（5）任务工作页要求个人或者小组在工作前对所要解决的问题进行深入分析，思考出现的可能性及对策，深入理解 ABC 分类的目的和实际意义。

四、赛场点兵

（一）比赛内容

1．根据表 2-2-8 中的商品销售数据进行物动量计算，结果保留 4 位有效数字。

表 2-2-8　商品销售数据

序号	商品名称	商品规格	上月销售量/箱
1	吸尘器	MC-CA291YJ81	9300
2	康师傅香辣牛肉面	盒装	6002
3	燕京啤酒	瓶装	4500
4	吸尘器	MC-UL282SJ81	2220
5	吸尘器	MC-CA781DJ81	1908
6	吸尘器	MC-CA293RJ81	1860
7	台灯	SQC945L（蓝）	1400
8	舒洁迷你纸巾	袋装	1002
9	雪碧	瓶装	1001
10	娃哈哈八宝粥	瓶装	1000
11	娃哈哈营养快线	瓶装	800
12	电吹风	EH5247-P405	600
13	吸尘器	MC-CA783RJ81	504
14	脉动	瓶装	500
15	电吹风	EH5246-W405	410
16	王老吉	瓶装	409
17	剃须刀	ES-RL40-S405	404
18	伊利经典牛奶	瓶装	403
19	康师傅妙芙蛋糕	袋装	402
20	双汇火腿肠	个装	400
21	电吹风	EH-NE32-P405	399
22	麻辣海带丝	袋装	303
23	好丽友蛋黄派	袋装	302
24	电熨斗	NI-S130TS（红）	300
25	高露洁牙刷	盒装	300
26	台灯	SQC916L（蓝）	280
27	牛栏山二锅头	瓶装	230

续表

序号	商品名称	商品规格	上月销售量/箱
28	毛绒玩具	袋装	203
29	3+2 饼干	袋装	202
30	力士牌浴液	瓶装	196
31	红牛	瓶装	130
32	葵花阳光米	袋装	105
33	富丽饼干	袋装	104
34	太阳锅巴	袋装	100
35	绿箭口香糖	包装	50
36	云南白药	瓶装	45
37	鲁花油	瓶装	40
38	吸尘器	MC-DL563AJ81	19
39	剃须刀	ES4853-W405	10
40	吸尘器	MC-CA781GJ81	8

2. 填空题

某工厂现有库存物品品种 3421 个，全年物资消耗资金总额 8390 万元，根据工厂年度物资消耗金额（表 2-2-9）确定以下情况。A：金额占比 0～70%，品种数占比 0～10%；B：金额占比 70%～90%（含），品种数占比 10%～30%（含）；C：金额占比 90%～100%，品种数占比 30%～100%。

表 2-2-9 工厂年度物资消耗金额（单位：万元）

年消耗额	品种数	品种累计	品种百分比/%	消耗总额	消耗额累计	消耗额占比/%
$x \geq 6$	105	105	3.07	5190	5190	61.86
$5 \leq x < 6$	68	173	1.99	400	5590	4.77
$4 \leq x < 5$	145	318	4.24	700	6290	8.34
$3 \leq x < 4$	160	478	4.68	600	6890	7.15
$2 \leq x < 3$	170	648	4.97	420	7310	5.01
$1 \leq x < 2$	352	1000	10.29	410	7720	4.89
$x < 1$	2421	3421	70.77	670	8390	7.99

根据上表数据填写：

则 A 类物资：共_____种，品种数占_____%，总消耗金额_____万元，消耗资金占_____%.

B 类物资：共_____种，品种数占_____%，总消耗金额_____万元，消耗资金占_____%.

C 类物资：共_____种，品种数占_____%，总消耗金额_____万元，消耗资金占_____%.

（二）评价指标

物动量评价指标见表 2-2-10。

表 2-2-10　物动量评价指标

考核项目	评分标准	总分值	得分值
1．数据输入	数据输入不正确者一个扣 1 分	25	
2．百分比计算	百分比值计算不正确者一个扣 5 分	25	
3．分类结果	分类结果不正确者一个扣 5 分	30	
4．团队合作	团队是否有组织、有计划、有协作	20	
总分（100 分）			

任务 2　制定货物组托示意图

扫码看视频

一、任务概述

货物组托任务概况见表 2-2-11。

表 2-2-11　货物组托任务概况

工作目标	根据包装箱及托盘尺寸设计组托
工作环境	物流实训室
所需工具	电脑、包装箱模型、托盘
任务描述	熟悉托盘的种类、规格、使用及维护方法，依据包装箱规格设计托盘组托，并绘制组托图
任务资料	包装箱模型尺寸和托盘尺寸
工作成果	组托图
注意事项	1．认真、仔细 2．组托图设计正确，绘图规范

二、工作任务

根据表 2-2-12 提供的商品纸箱规格数据，完成托盘认知 PPT 及不同包装箱尺寸在 1200mm×1000mm×160mm 上的组托示意图，要求码放四层。任务工作页见表 2-2-13。

表 2-2-12　组托数据

商品序号	商品名称	纸箱规格/（mm×mm×mm）
1	康师傅苏打夹心饼干	500×400×220
2	康师傅酸菜方便面	400×240×200
3	洽洽瓜子	500×400×220
4	康师傅矿物质水	600×300×200
5	话梅	500×400×220
6	农夫山泉矿泉水	600×400×220
7	海飞丝洗发水	600×400×220

续表

商品序号	商品名称	纸箱规格/（mm×mm×mm）
8	力士浴液	600×400×220
9	金鱼洗涤灵	600×400×220
10	洗碗布	600×300×200
11	护手霜	600×300×200
12	飘柔精华素	600×300×200
13	可乐	600×300×200
14	美的电风扇	500×400×220
15	九阳料理机	600×300×200

表 2-2-13　任务工作页

项目			任务	
组别及成员分工	组别		主管	
	信息员		操作员	
填写者姓名			时间	
行动学习阶段					
信息获取/分析				
计划				
决策				
实施/执行				
质量检查				
反思/优化				

三、工作内容

第一：熟悉组托方式。

要求：（1）划分工作小组，每组 3 人；
（2）教师下发组托方式图；
（3）小组认知各组托方式特点。

第二：选择组托方式。

要求：（1）教师下发组托任务；
（2）小组讨论确定组托方式。

第三：绘制组托方式图。

要求：（1）教师演示组托方式图绘制方法；
（2）学生分小组，逐一练习绘制组托方式图；
（3）在规定时间内完成，10 分钟/组。

具体实施步骤（以 400×240×200 为例）：

（1）首先打开 Visio（以此软件为例，也可以使用 Word、Powerpoint 等软件），新建"流程图－基本流程图"，出现绘图所用的模板。绘制流程图界面如图 2-2-5 所示。

图 2-2-5　绘制流程图界面

（2）鼠标拖动"进程"方框到界面，选中此框，右击选中"视图-大小和位置窗口"，在左下角弹出"大小和位置"对话框，其中 X、Y 坐标表示方框在白板的位置，宽度和高度表示方框本身的大小，角度表示方框旋转的角度大小，正角度逆时针方向旋转，负角度顺时针方向旋转。绘制托盘［1200mm×1000mm（绘制时缩小 10 倍）的托盘］如图 2-2-6 所示。

（3）再用鼠标拉出一方框，大小设定为 40mm×24mm。首先绘制奇数层的俯视图，绘制前要优先考虑是否可以压缝码放。一般地讲，如果长宽或者宽长比例在 0.8～1 之间只能重叠码放，小于这个数值可以考虑压缝码放。由于 24/40=0.6，因此可以考虑压缝码放。在 120mm 的方向上，第一行如果是 40mm，则可以放三列，选中小方框复制三个。如果是 24mm，则可以码放 5 列。在 100mm 的方向上，只能码放 2 个 24mm 和 1 个 40mm，共 24+24+40=88mm，其他情况就会超出托盘的界限。

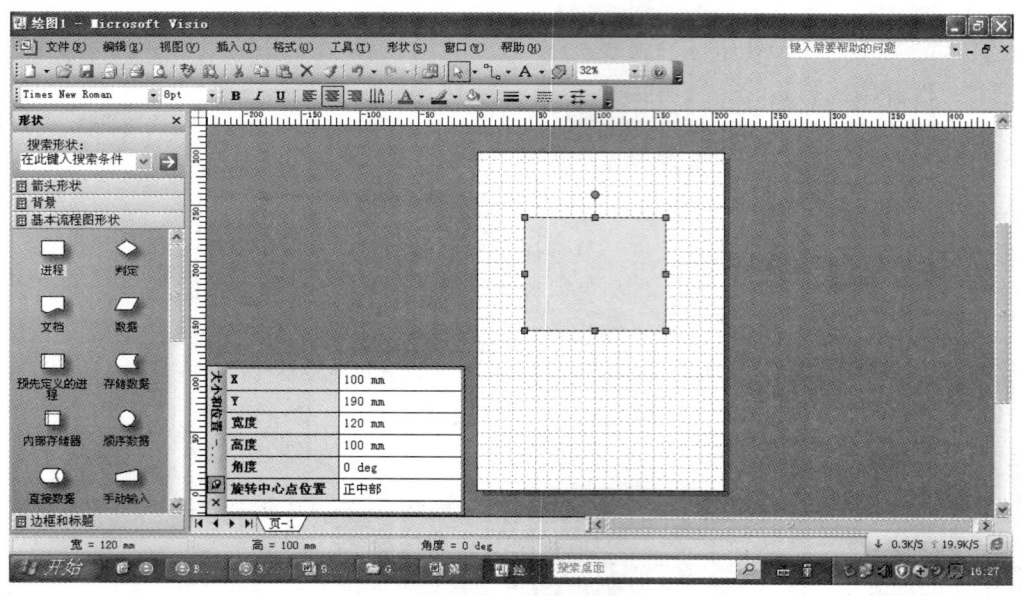

图 2-2-6　绘制托盘

奇数层组托的俯视图如图 2-2-7 所示，其中包含有两种情况。

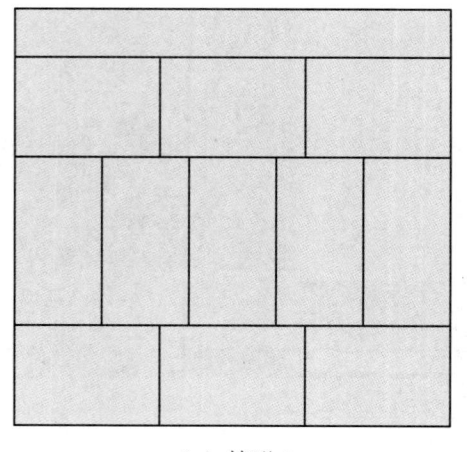
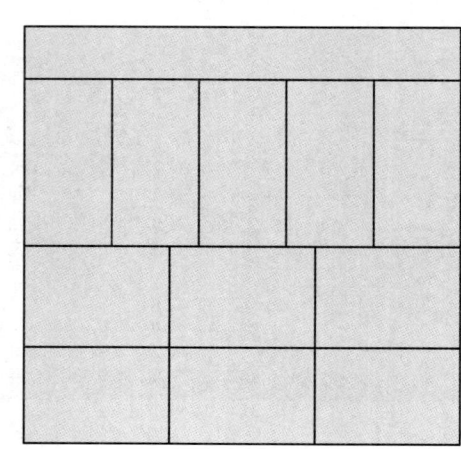

（a）情形 1　　　　　　　　　　　　（b）情形 2

图 2-2-7　奇数层的俯视图

一般来讲，这 2 种情形都是对的，但我们常常选择情形 2。绘制组托视图和在实际组托时需要注意的是要沿着托盘的一个直角边对齐进行码放，同时托盘的中间不要留缝隙。

（4）根据奇数层的俯视图我们可以绘制出偶数层的俯视图、主视图、左（侧）视图。400mm×240mm×200mm 四个视图如图 2-2-8 所示。

纸箱尺寸：400mm×240mm×200mm

（a）奇数层俯视图

（b）偶数层俯视图

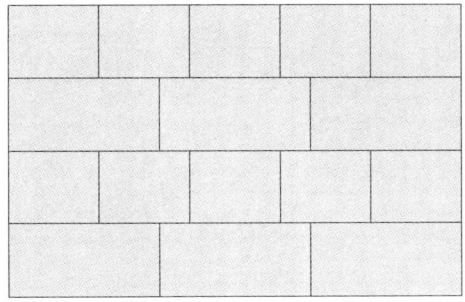
（c）主视图

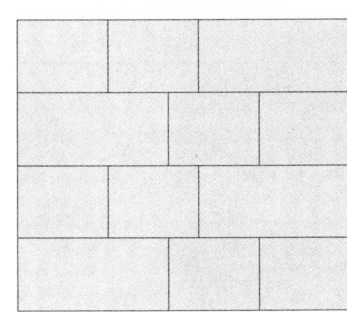
（d）侧视图

图 2-2-8　400mm×240mm×200mm 四个视图

其他三个规格的视图按照同样的方法可以画出。500mm×400mm×220mm 四个视图如图 2-2-9 所示。

纸箱尺寸：500mm×400mm×220mm

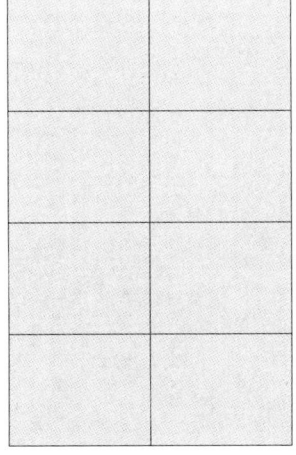
（a）奇数层俯视图

（b）偶数层俯视图

图 2-2-9　500mm×400mm×220mm 四个视图

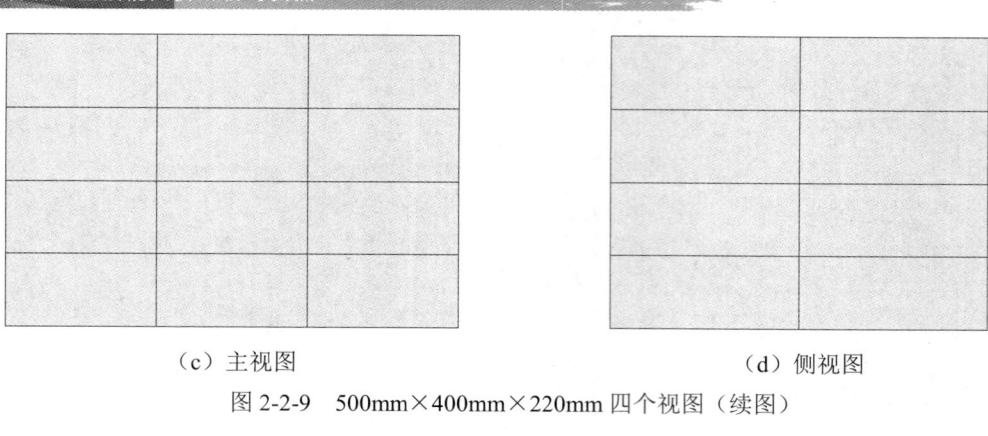

（c）主视图　　　　　　　　　　　　（d）侧视图

图 2-2-9　500mm×400mm×220mm 四个视图（续图）

600mm×300mm×200mm 四个视图如图 2-2-10 所示。

纸箱尺寸：600mm×300mm×200mm

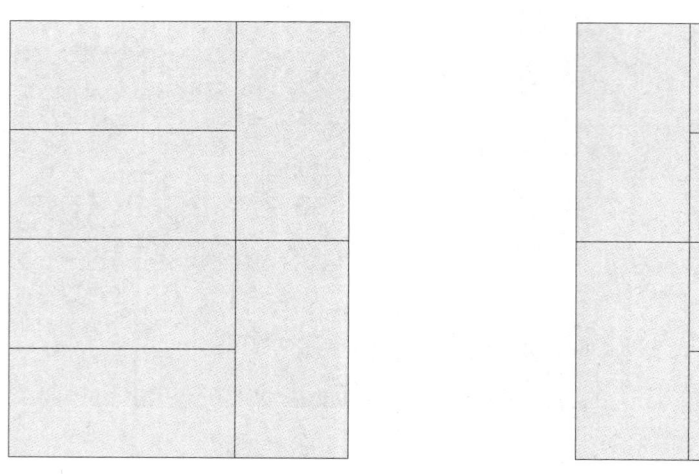

（a）奇数层俯视图　　　　　　　　　（b）偶数层俯视图

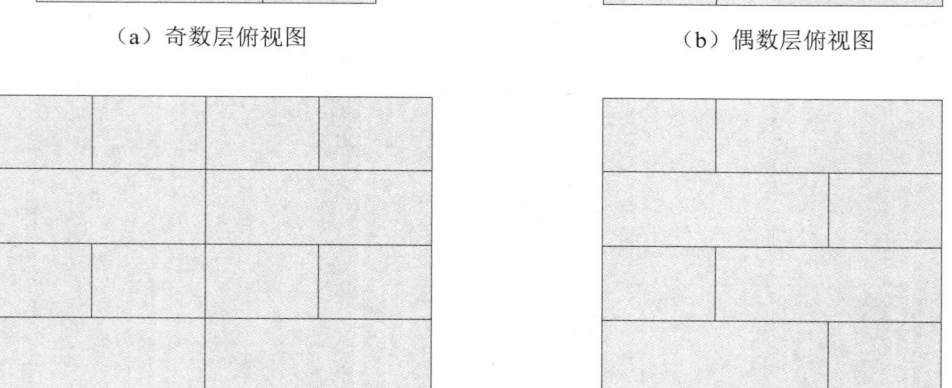

（c）主视图　　　　　　　　　　　　（d）侧视图

图 2-2-10　600mm×300mm×200mm 四个视图

600mm×400mm×220mm 四个视图如图 2-2-11 所示。

纸箱尺寸：600mm×400mm×220mm

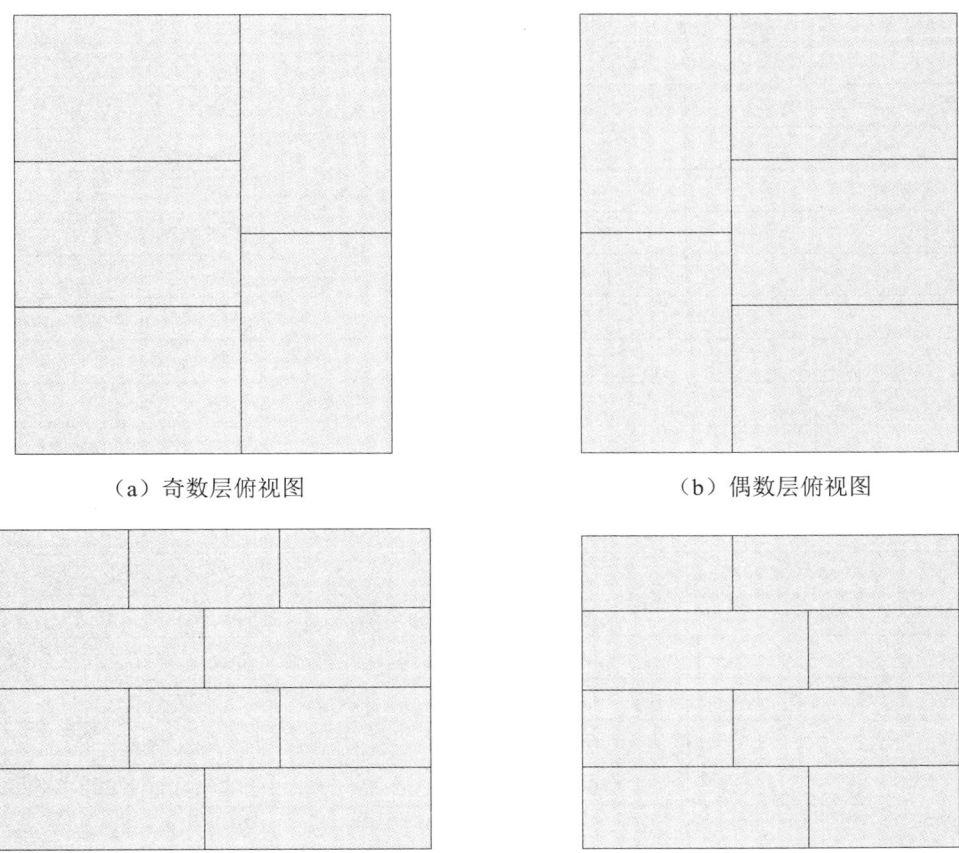

图 2-2-11　600mm×400mm×220mm 四个视图

注意：

（1）此任务给定了四层，实际的堆码层数是由货架高度、单货位限重、包装箱自身材质的限重和托盘一层最多码放的数量等条件决定的。

（2）组托方式一般是压缝式或者旋转式，重叠式是最基本的方式，但不稳定。在比赛中几乎不采用重叠式堆码。

（3）货架第一层的货位承重量大于二层以上货位的承重量，比赛中要根据要求进行设计码放层数。通常 1200mm×1000mm×160mm 托盘与地面接触的有效面积为 0.5m^2，如库房地面的单位面积技术定额为 1.2t/m^2，则重力式货架第一层货位最大承重量为 1.2×0.5=0.6t。

（4）在任务工作页中要理清组托图绘制技巧和码放层数计算方法。

四、赛场点兵

（一）比赛内容

1. 根据表 2-2-14 中的各类货品信息，组间比赛绘制组托图，托盘尺寸为 1000mm×1200mm×160mm。

表 2-2-14　各类货品信息

货品名称	箱内数量	规格	包装	包装箱尺寸/cm
力士牌浴液	20	瓶装	箱装	26.3×15.5×23
脉动	50	瓶装		38×23×22
燕京啤酒	50	瓶装		41×27×12
雪碧	100	瓶装		36×23×25
娃哈哈营养快线	50	瓶装		34.9×21.2×21.1
娃哈哈八宝粥	120	瓶装		27.7×20.7×12.9
王老吉	100	瓶装		40.5×27.2×12.2
红牛	100	瓶装		40.2×26.6×9.8
牛栏山二锅头	40	瓶装		27×28×22
伊利经典牛奶	50	瓶装		28.5×26×12
康师傅香辣牛肉面	100	盒装		40×20×27
鲁花油	50	瓶装		35×31×31
葵花阳光米	20	袋装		40×31×22
麻辣海带丝	50	袋装		38.5×30×18
康师傅妙芙蛋糕	50	袋装		46.5×33.5×15.5
富丽饼干	30	袋装		30×21×20
好丽友蛋黄派	30	袋装		25×27×32.5
太阳锅巴	30	袋装		54×34×41
3+2 饼干	50	袋装		35.6×18.5×20.5
双汇火腿肠	100	个装		26.8×20×13
绿箭口香糖	150	包装		33.5×17×17
高露洁牙刷	100	盒装		42.5×19×25.7
舒洁迷你纸巾	100	袋装		40×25×32
舒肤佳沐浴露	50	盒装		29.3×17.3×22.2
云南白药	100	瓶装		31×30×20.5

2. 根据组托设计信息表 2-2-15 中的数据，填写组托设计结果表 2-2-16 的信息（假定每种货物分为 A、B、C 类）。

表 2-2-15　组托设计信息

序号	物品名称	长×宽×高/mm	限高	重量	数量	备注
1	达利园岩层矿物质营养液	448×276×180	5	18	26	
2	葵花阳光米	353×235×180	5	25	38	
3	娃哈哈有机水	316×211×180	3	10	55	
4	娃哈哈有机奶	360×240×180	5	4	41	

续表

序号	物品名称	长×宽×高/mm	限高	重量	数量	备注
5	康佳蛋白粉	480×320×200	5	3	38	1．货架高度： 第一层 1010mm； 第二层 1020mm； 第三层 990mm； 2．托盘尺寸 1200mm×1000mm×160mm，自重 20kg； 3．单货位限重 500kg；库房地面单位面积技术定额 1.5t/m²； 4．上架货物距离横梁 150mm
6	农夫金酒	440×240×180	5	5	38	
7	康师傅咖啡（大）	370×190×220	5	3	43	
8	婴儿纸尿裤	398×272×180	5	5	35	
9	开心饼干	230×260×180	5	6	40	
10	美心蜂蜜	385×205×180	5	4	69	
11	怡然话梅糖	395×295×180	5	5	40	
12	顺心奶嘴	448×276×180	2	1	20	
13	婴儿湿巾	498×333×180	5	5	30	
14	可乐年糕	353×235×180	5	6	80	
15	顺心奶瓶	224×276×180	5	9	60	
16	婴儿睡裤	249×333×180	5	12	50	
17	婴儿纸尿裤	316×211×180	5	5	80	

表 2-2-16 组托设计结果

序号	物品名称	码放层数	一层码放数量	托盘数量
1	达利园岩层矿物质营养液			
2	葵花阳光米			
3	娃哈哈有机水			
4	娃哈哈有机奶			
5	康佳蛋白粉			
6	农夫金酒			
7	康师傅咖啡（大）			
8	婴儿纸尿裤			
9	开心饼干			
10	美心蜂蜜			
11	怡然话梅糖			
12	顺心奶嘴			
13	婴儿湿巾			
14	可乐年糕			
15	顺心奶瓶			
16	婴儿睡裤			
17	婴儿纸尿裤			

（二）评价指标

组托评价指标见表 2-2-17。

表 2-2-17　组托评价指标

考核项目	评分标准	总分值	得分值
1. 绘图视图	四个视图不正确者一个扣 5 分	15	
2. 尺寸标注	尺寸标准不完整者一个扣 2 分	15	
3. 绘图质量	四个视图质量不好者一个扣 2 分	20	
4. 团队合作	团队是否有组织、有计划、有协作	20	
5. 表中数据	按照 ABC 三类填写正确	30	
总分（100 分）			

任务 3　绘制上架存储货位图

一、任务概述

货物上架存储任务基本情况见表 2-2-18。

表 2-2-18　货物上架存储任务基本情况

工作目标	上架存储货位图绘制
工作环境	物流实训室
所需工具	电脑
任务描述	根据入库商品，经过组托完成后，把不同托盘商品完成存储上架，并绘制货物存储货位图
任务资料	入库资料，货架布局
工作成果	上架存储货位图
注意事项	1. 认真、仔细 2. 绘图规范

二、工作任务

根据入库信息和货架信息，完成入库货物的上架存储方案，绘制出上架存储货位图。任务工作页见表 2-2-19。

表 2-2-19　任务工作页

项目			任务	
组别及成员分工	组别		主管	
	信息员		操作员	
填写者姓名			时间	

续表

行动学习阶段	
信息获取/分析	
计划	
决策	
实施/执行	
质量检查	
反思/优化	

（一）入库信息

入库信息表见表 2-2-20。

表 2-2-20　入库信息表

序号	商品名称	商品规格	包装箱尺寸/mm	重量/kg	上月销售	入库箱数
1	血压计	EW3106（W）	413×168×211	3.5	55	16
2	电吹风	EH5163（Y）	520×288×287	6.73	1000	18
3	电吹风	EH5246（W）	447×350×235	5.1	200	18
4	剃须刀	ES-RC40-（S）	361×253×182	2.512	18	30
5	台灯	SQC945L	368×238×345	1.9	19	16
6	空气净化器	F-PDC30C-W	471×197×515	6.5	30	10
7	电熨斗	NI-SI30TS	380×310×310	8.6	110	18
8	吸尘器	MC-UL282SJ81	590×205×244	4.5	600	18
9	吸尘器	MC-DL563AJ81	515×140×240	3.3	400	14
10	吸尘器	MC-CA781DJ81	510×355×320	6.4	140	10
11	吸尘器	MC-CA783AJ81	510×355×320	6.7	280	10
12	吸尘器	MC-CA783RJ81	510×355×320	6.7	199	15

续表

序号	商品名称	商品规格	包装箱尺寸/mm	重量/kg	上月销售	入库箱数
13	吸尘器	MC-CA781GJ81	510×355×320	6.4	220	10
14	吸尘器	MC-CA291YJ81	466×331×272	4.6	8	16
15	吸尘器	MC-CA293RJ81	466×331×273	4.6	10	20

（二）货架信息

1. 设备设施规格

设备规格数据见表2-2-21。

表2-2-21 设备设施规格

木制托盘	1200mm×1000mm×160mm
货架	3排，3层，4列，2×2货位（标准货位）货位参考尺寸：2300mm×900mm×1230mm
叉车	电瓶叉车，荷载能力1600kg，提升高度4m（含驾驶员）

2. 货位号说明

货位条码编制规则为"四号定位"。第一位，表示库序号；第二位，表示货架号；第三位，表示架层号；第四位，表示货位号。如01030101，表示的意思是1号库区第3排第1层第1位。各组所在库区均为1号库区。此处我们把库号省去，货架用ABC表示，如A0304表示A货架第三层第4位。

3. 货架布局

现场货架布局和区域划分如图2-2-12所示。

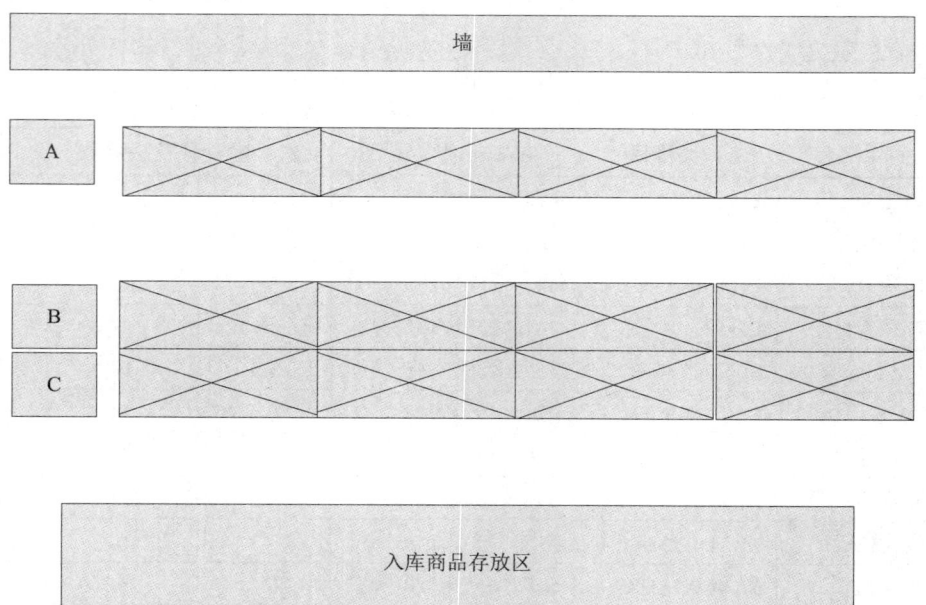

图2-2-12 现场货架布局和区域划分图

4. 货位初始存储信息

货架初始化如图 2-2-13 所示。货位标示出来的表示此位置已经有货物。

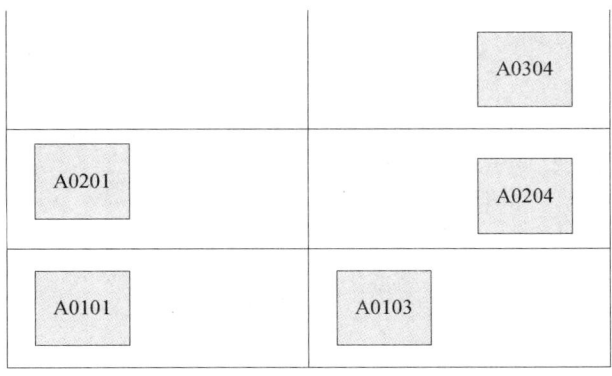

（a）第 A 排货架存储信息

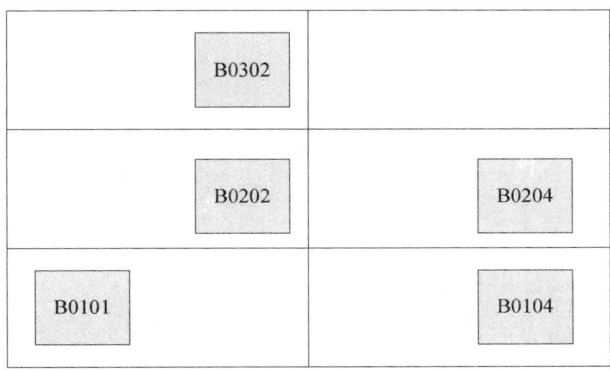

（b）第 B 排货架存储信息

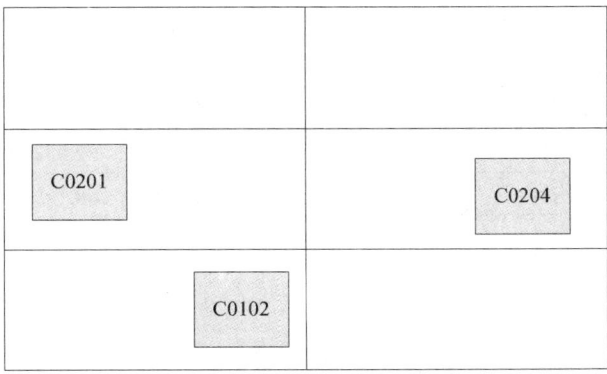

（c）第 C 排货架存储信息

图 2-2-13　货架初始化图

三、工作内容

第一：熟悉货位及商品信息。
要求：（1）划分工作小组，每组3人；
　　　（2）组内熟悉商品信息和货位的编号原则。
第二：熟悉工作任务。
要求：（1）教师发放任务单；
　　　（2）组内讨论任务要求；
　　　（3）制订分工计划；
　　　（4）讨论上架方案。
第三：绘制货位存储图。
要求：（1）完成数据的信息化；
　　　（2）完成ABC计算；
　　　（3）完成组托图及托盘使用量的计算；
　　　（4）完成货物上架图。
第四：研讨交流，老师点评总结。

具体实施步骤：
（1）首先组长根据任务目标分配工作；
（2）完成方案的工作准备，包括封面设计、人员分工和岗位职责；
（3）完成商品的ABC分类，ABC分类结果见表2-2-22。

表2-2-22　ABC分类结果

序号	商品名称	商品规格	包装箱尺寸/mm	重量/kg	上月销售	累加物动量占比/%	累加品种占比/%	结果
2	电吹风	EH5163（Y）	520×288×287	6.73	1000	30.4044	6.6667	A
8	吸尘器	MC-UL282SJ81	590×205×244	4.5	600	48.6470	13.3333	B
9	吸尘器	MC-DL563AJ81	515×140×240	3.3	400	60.8088	20.0000	B
11	吸尘器	MC-CA783AJ81	510×355×320	6.7	280	69.3220	26.6667	C
13	吸尘器	MC-CA781GJ81	510×355×320	6.4	220	76.0109	33.3333	C
3	电吹风	EH5246（W）	447×350×235	5.1	200	82.0918	40.0000	C
12	吸尘器	MC-CA783RJ81	510×355×320	6.7	199	88.1423	46.6667	C
10	吸尘器	MC-CA781DJ81	510×355×320	6.4	140	92.3989	53.3333	C
7	电熨斗	NI-SI30TS	380×310×310	8.6	110	95.7434	60.0000	C
1	血压计	EW3106（W）	413×168×211	3.5	55	97.4156	66.6667	C
6	空气净化器	F-PDC30C-W	471×197×515	6.5	30	98.3278	73.3333	C
5	台灯	SQC945L	368×238×345	1.9	19	98.9054	80.0000	C
4	剃须刀	ES-RC40-（S）	361×253×182	2.512	18	99.4527	86.6667	C
15	吸尘器	MC-CA293RJ81	466×331×273	4.6	10	99.7568	93.3333	C

续表

序号	商品名称	商品规格	包装箱尺寸/mm	重量/kg	上月销售	累加物动量占比/%	累加品种占比/%	结果
14	吸尘器	MC-CA291YJ81	466×331×272	4.6	8	100.0000	100.0000	C
合计						3289		

（4）计算入库商品所使用的托盘数量。计算方法是使用 Word（或者 Visio）将不同的包装尺寸在托盘上摆放，优先采取压缝式，实际操作时超过三层要用绑扎带捆绑。最后除了序号 15 的商品使用 2 个托盘，其他均使用 1 个托盘。

（5）按照一定的原则将组托好的托盘放到货架上。考虑入库作业时间和现场布局，优先将货物放在 C 货架上，然后是 A、B 货架。其中一种货架存储图如图 2-2-14 所示。

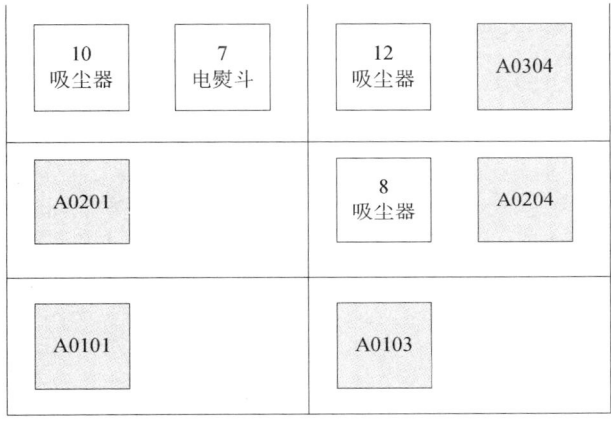

（a）第 A 排货架存储信息

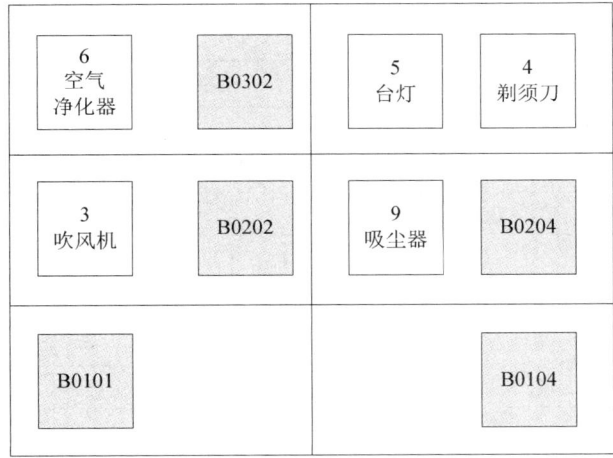

（b）第 B 排货架存储信息

图 2-2-14　货架存储图

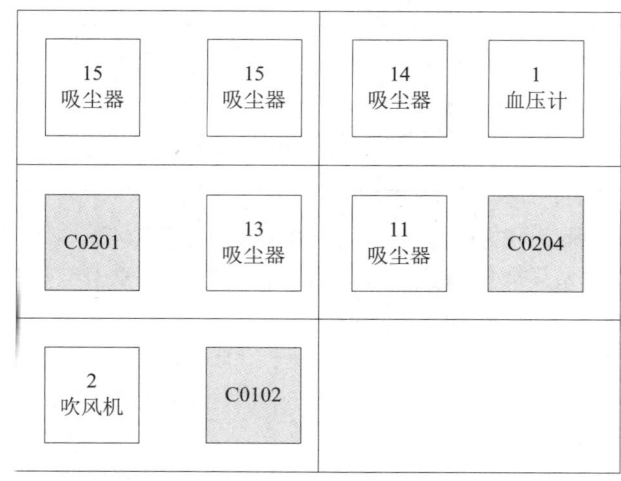

（c）第 C 排货架存储信息

图 2-2-14　货架存储图（续图）

注意：

（1）任务工作页要将 ABC 分类、组托设计和存储图的工作原理梳理清楚，理解其本质。

（2）货物存储层数根据 ABC 分类结果进行调整。C 类货物较多，需要将距离 B 类货物近的放置第二层。

四、赛场点兵

（一）比赛内容

根据入库货物信息（表 2-2-23）确定有 15 种货物需要办理入库作业，请依据成本与费用最低原则设计方案并组织实施。货架布局、货架尺寸、托盘尺寸条件同表 2-2-21、图 2-2-10。

表 2-2-23　入库货物信息

商品序号	商品名称	包装箱/mm	商品规格	箱数	上月销售/箱
1	吸尘器	466×331×272	MC-CA293RJ81	18	1860
2	吸尘器	466×331×272	MC-CA291YJ81	16	9300
3	吸尘器	510×355×320	MC-CA783RJ81	15	504
4	吸尘器	510×355×321	MC-CA781DJ81	16	1908
5	吸尘器	515×140×240	MC-DL563AJ81	25	19
6	电熨斗	380×310×310	NI-S130TS（红）	18	300
7	电吹风	447×350×235	EH5246-W405	28	410
8	电吹风	447×350×250	EH5247-P405	22	600
9	剃须刀	361×235×182	ES-RL40-S405	45	404
10	台灯	368×238×345	SQC945L（蓝）	12	1400
11	台灯	375×350×400	SQC916L（蓝）	12	280

续表

商品序号	商品名称	包装箱/mm	商品规格	箱数	上月销售/箱
12	电吹风	575×280×285	EH-NE32-P405	15	399
13	吸尘器	590×205×244	MC-UL282SJ81	30	2220
14	吸尘器	510×355×320	MC-CA781GJ81	16	8
15	剃须刀	388×210×163	ES4853-W405	40	10

（二）评价指标

入库作业评价指标见表 2-2-24。

表 2-2-24　入库作业评价指标

考核项目	评分标准	总分值	得分值
1. ABC 分类	分类结果不正确者一个扣 2 分	20	
2. 组托视图	组托视图不正确者一个扣 5 分	20	
3. 货架存储图	货架存储图不正确者一个扣 1 分	20	
4. 方案质量	方案排版格式是否美观	20	
5. 团队合作	团队是否有组织、有计划、有协作	20	
总分（100 分）			

任务 4　就地堆码存储区规划

一、任务概述

货物就地堆码规划任务概况见表 2-2-25。

表 2-2-25　就地堆码规划任务概况

工作目标	完成就地堆码存储区规划方案
工作环境	物流实训室
所需工具	电脑
任务描述	根据入库商品包装箱尺寸、地面强度和库房参数，入库商品直接存储到库房地面时，设计出存储区大小
任务资料	入库商品资料和库房尺寸、参数等
工作成果	就地堆码存储区规划方案
注意事项	1. 方案格式美观，内容有条理，结果正确 2. 认真、仔细 3. 绘图规范

二、工作任务

今收到供货商发来入库通知单，计划到货日期为明天上午 10 点。根据商品信息及参数要求，你作为仓库管理员请计算出至少需要多大面积的储位？如果目标存储区域宽度限制为 5.0

米,计算出计划堆成货垛的垛长、垛宽及垛高。任务工作页见表 2-2-26。

表 2-2-26 任务工作页

项目			任务	
组别及成员分工	组别		主管	
	信息员		操作员	
填写者姓名			时间	
行动学习阶段				
信息获取/分析				
计划				
决策				
实施/执行				
质量检查				
反思/优化				

(一)商品信息

入库货物信息见表 2-2-27。

表 2-2-27 入库货物信息

序号	商品名称	包装材质	包装箱尺寸/mm	重量/kg	入库数/箱
1	五金工具	杨木	500×200×300	45	3600

（二）参数及要求

库房参数见表 2-2-28。

表 2-2-28 库房参数

库区面积，m^2	2000
仓库使用面积，m^2	400
仓库的单位面积技术定额，t/m^2	2
包装标示限高层数	5
库房可用高度，m	4.6

注：垛型要求为重叠堆码的平台垛；储位面积计算不考虑墙距、柱距、垛距、灯距。

三、工作内容

第一：熟悉就地堆码知识。
要求：（1）学生分组，3 人一组；
　　　（2）讨论就地堆码的方法与方式；
　　　（3）讨论就地堆码存储与货架堆码存储的区别。
第二：熟悉工作任务单。
要求：（1）教师下发任务单；
　　　（2）组内讨论任务并制订工作计划。
第三：制订就地堆码方案。
要求：（1）完成可堆高层数计算；
　　　（2）完成货垛占地面积；
　　　（3）绘制就地堆码图；
　　　（4）完成就地堆码存储区规划方案。
第四：老师点评总结。

具体实施步骤：

已知条件：使用面积为 400m^2，仓库的单位面积技术定额 $P_{地}$=2 t/m^2=2000 kg/m^2；包装标示限高层数 5 层，库房可用高度为 4.6m。

分析：关键是求出每件商品最多堆码的层数，根据层数就可以求出堆码的面积，计算过程：

（1）按照仓库的单位面积技术定额计算堆码层数 n_1：

每件商品重量×堆码层数 n_1/每件商品包装箱底面积≤$P_{地}$；

所以，n_1=0.5×0.2×2000/45≤4.4，取整数 n_1=4；

（2）按照库房可用高度计算堆码层数 n_2：

n_2=库房高度/每件商品的包装箱高度，代入数据得到

n_2=4.6/0.3=15.3，取整数得 15 层。

（3）包装标示限高层数 n_3=5

（4）综合以上三个因素，求得最高堆码高度为：min{4,15,5}=4，所以该商品堆码的层数为 4 层，每层堆码的数量为：3600/4=900 个。

该商品的堆码面积为 900×0.5×0.2=90 平方米。
如果目标存储区域宽度限制为 5.0 米，则长度为：90/5=18 米；
所以，垛宽：5/0.5=10；垛长 18/0.2=90
即垛宽 10 箱，垛长 90 箱，垛高 4 箱。

注意：
（1）任务工作页需要理解就地堆码设计时要考虑的影响因素有哪些，它们的含义是什么。
（2）对转驳的整箱货物一般采取就地堆码的方式。
（3）要根据题意考虑就地堆码中的五距。

四、赛场点兵

（一）比赛内容

1. 5 月 24 日入库商品舒洁迷你纸巾 2400 箱（400mm×250mm×320mm），放到一仓库，有效高度 4.8m，有 10000 平方米可供存放使用，每平方米承最大重量 2000 千克，每箱重 48 千克，最高码放 5 层。计算：假定仓库储物空间只有 4 米宽，问一共要用多少平方米码货，每平方米每层多少箱。

2. 收到供货商发来入库通知单，计划到货日期为明天上午 10 点，内容如下：
品名：维达肉机　　　　包装规格：600mm×550mm×450mm
单体毛重：16kg　　　净重 15kg　　　包装的承压能力：85kg
包装标示：请勿倒置摆放

平房仓库内长 42 米，宽 40 米，高 4.5 米，沿长方向主通道宽不少于 2 米，消防通道不少于 1.4 米，仓库内固定的照明灯距房顶 0.4 米，灯距取 0.5 米，柱子长宽均为 0.4 米，每垛占地面积不大于 100 平方米，计算出该仓库最多可以存放几箱？（货物堆垛需要考虑"五距"，货垛均为方垛）图 2-2-15 中货垛仅作为标识，与题目无关。

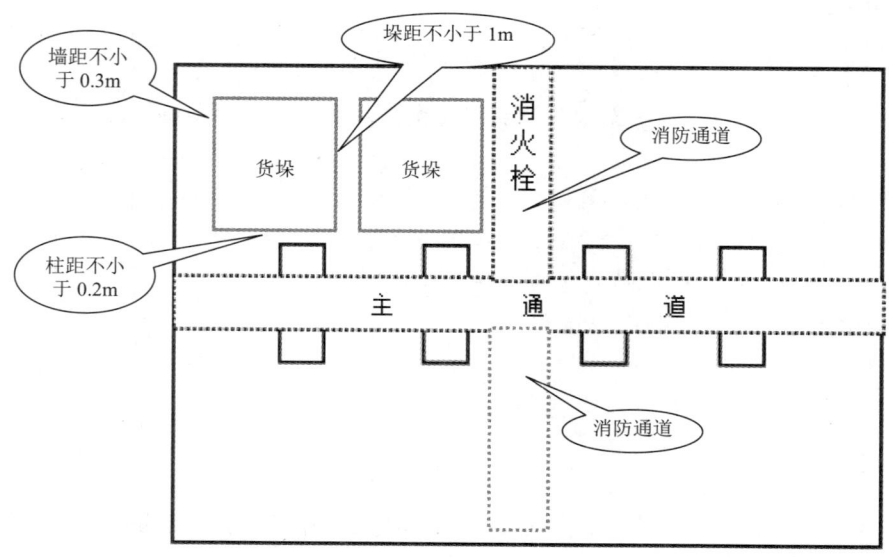

图 2-2-15　仓库平面图

（二）评价指标

就地堆码评价指标见表 2-2-29。

表 2-2-29　就地堆码评价指标

考核项目	评分标准	总分值	得分值
1. 堆码层数	最高堆码层数计算不正确者扣 30 分	30	
2. 堆码面积	堆码面积计算不正确者扣 20 分	20	
3. 垛型长度	垛型长度计算不正确者扣 20 分	20	
4. 团队合作	团队整个过程是否有组织、有计划、有协作	30	
总分（100 分）			

附件：本任务相关学习资源

1. 教材

[1] 滕宝红. 图说工厂仓储管理[M]. 北京：人民邮电出版社，2011.

[2] 马耀文. 仓储与配送管理仿真实训教程[M]. 北京：中国物资出版社，2012.

[3] 吴清一. 中国托盘手册[M]. 北京：中国物资出版社，2010.

2. 论文

[1] 谢福斌. 一种改进的 ABC 分类管理法[J]. 商业经济，2012（06）：32，86.

[2] 吴晓晖，陈延寿，张伟丰. 基于层次分析法的库存 ABC 分类研究[J]. 湖北汽车工业学院学报，2010（04）：59-62.

[3] 张学惠，唐树伶. 存货 ABC 分类管理的 Excel 运用[J]. 财会通讯，2009（11）：122-123.

[4] 王波涛. 怎样使塑料托盘物尽其用[J]. 物流技术（装备版），2012（08）：38-39.

[5] 马爽. 中国托盘行业亟待规范发展[J]. 物流技术与应用，2012（01）：28-37.

[6] 张启徽. 基于库存周转率的存储货位优化研究[J]. 科技信息，2011（14）：513-514.

3. 国内电子资源

[1] http://wiki.mbalib.com/wiki/ABC%E5%88%86%E7%B1%BB%E6%B3%95.

[2] http://www.tudou.com/programs/view/kicHhLhmDAo.

[3] http://wenku.baidu.com/view/27a2b56e7e21af45b307a8e9.html.

[4] http://www.logclub.com/forum.php?mod=viewthread&tid=44657&page=1.

[5] http://bbs.iufida.com/thread-5375-1-1.html.

4. 国外电子资源

[1] http://wiki.answers.com/Q/What_is_the_ABC_method_of_inventory_control.

[2] http://www.westernpallet.org/.

项目三 出库作业方案设计[①]

●**项目目标：**

（1）会客户优先权分析；

（2）会订单有效性分析；

（3）会制定库存分配计划表；

（4）会制订拣选作业计划；

（5）会绘制月台分配示意图；

（6）会车辆调度与路线优化；

（7）会制订配装配载方案。

●**参考课时：** 20 课时。

●**教学环境：** 物流区仓储厅。

●**使用工具：**

电脑 50 台，纸、笔 20 套，打印机 2 台，货架，托盘，叉车，地牛。

●**相关知识：**

一、有效订单

企业采购部门向原材料、燃料、零部件、办公用品等的供应者发出的订货单，也就是订购货物的合同或者单据。

一般订单里包括的信息有供应商信息，如名称、地址、电话、传真等；订单编号；订货日期；产品明细，包括产品名称、单价、数量、货款合计；货款结算总价；需求方信息，包括单位名称、联系人姓名、电话和交货地址等。订货单见表 2-3-1。

表 2-3-1 订货单

订单编号				订货日期		年 月 日	
供应方			电话		货款结算（单位：人民币/元）		
地 址					货款	总价	运费
邮 件			传 真		694.00	794.00	100.00

产品明细：

序号	产品名称	单位	单价（元）	数量	货款合计	备注
1	HP816		35	5	175.00	
2	817		60	2	120.00	
3	901BK		18	5	90.00	
4	901C		60	2	120.00	

[①] 此项目部分数据来源于 2012 年全国物流职业技能大赛。

续表

序号	产品名称	单位	单价（元）	数量	货款合计	备注
5	HP45		18	5	90.00	
6	M40		33	3	99.00	

需方信息：

需　方		联络人	
地　址		电　话	
收货人		电话		手　机	
收货地址			

备注说明：

备　注	1. 需方声明已确认所订的产品及数量、出具的票据类型；以上价格未含税。 2. 对公汇款账号： 　开户名称： 　开户银行： 　账号：

另外有的订单还起到部分合同的作用，此类型订单不但包括以上基本的信息，而且要包括合同编号、付款方式、交货日期、交货地点、票据要求、签订日期、双方代理人信息、其他要求等。北京××公司采购订单见表 2-3-2。

表 2-3-2　北京××公司采购订单

公司：北京××公司				联系人：		电话：			传真：	
根据我公司生产需要，现向贵公司订购产品如下：						合同编号：				
序号	代码	名称	规格	单位	数量	含税单价	含税金额	税率	发货日期	交货地点
1		P826			5	35.00	175.00	17%	2012-7-5	实训室 106
2		827			4	50.00	200.00	17%	2012-7-5	实训室 106
3		901CK			3	10.00	30.00	17%	2012-7-5	实训室 106
4		901B			2	60.00	120.00	17%	2012-7-5	实训室 106
5		AHP45			1	90.00	90.00	17%	2012-7-5	实训室 106
6		KV22			3	80.00	240.00	17%	2012-7-5	实训室 106
			总计		18		855.00			
合计金额（大写）			人民币　￥捌佰伍拾伍元整							

续表

质量要求	按合同要求		付款方式	验收合格入库，票到 30 天付款
票据要求	贵公司要保证所提供发票的合法性，因贵公司所提供的发票不合法所引起的法律责任及损失，由贵公司全部承担。			
备注：				
要求：	1. 通过邮寄、托运发货时请标明发货单位、收件人，否则因标识不清而造成的货物丢失，我方概不负责。 2. 如贵公司确认，请在 24 小时内签字盖章后回传：＿＿＿＿＿＿，此订单双方签字盖章生效，与正式合同具有同等法律效力。 3. 自发货之日起请在＿＿＿＿个月内开票，否则不予结算，造成损失由贵公司承担。			
供方代理人：			需方代理人：	
联系电话：			联系电话：	
签订日期：	年　月　日		签订日期：	年　月　日

根据上面的订单内容（如订单上商品的种类、商品的价格、订购日期、送货日期、金额书写、金额总值、签名等），我们可以判断订单是否有效。如果订单基本信息出现错误，则需要对方修改，此次订单无法完成交易。

二、客户优先等级

一般在订单有效的前提下，当多个客户针对某一货物的要货量大于该货物库存量时，必须对客户进行优先等级的划分，确定客户的优先等级顺序以及货物分配量，这就是客户优先等级分析。另外我们也要考虑其他外部信息，如赊销金额（应收账款[①]）的大小、信用额度[②]、库存等。

扫码看视频

三、拣选作业计划制订

拣选是影响在库作业效率的很重要的环节。在拣选前，要制定合理的拣选策略，其中缩短拣选路程是提高效率的重要指标。拣选策略常用的有摘果式和播种式。电子标签拣选也有摘取式和播种式两种拣选系统[③]。电子标签拣选一般多用于拆零商品的拣货。

[①] 应收账款指该账户核算企业因销售商品、材料、提供劳务等，应向购货单位收取的款项，以及代垫运杂费和承兑到期而未能收到款的商业承兑汇票。

[②] 信用额度是指企业规定的客户在一定时期可以赊购商品的最大限额。

[③] 摘取式拣货系统，是指将电子标签安装于货架储位上，一个储位放置一项产品，即一个电子标签代表一项产品，以一张拣货单为一次处理的单位，系统会将拣货单中有拣货商品所代表的电子标签亮起，拣货人员依照灯号与显示数字将货品从货架上取出放进拣货箱内。播种式拣货系统，是指每一个电子标签代表一个客户或是一个配送对象，以每个品项为一次处理的单位，拣货人员先将货品的应配总数取出，并将商品信息输入，系统会将代表有订购此项货品的客户的电子标签点亮，配货人员只要依电子标签的灯号与显示数字将货品配予客户即可。

可以根据商品类别制定拣选计划。A、B 类商品出库效率高，可以单独制订拣选计划。C 类商品种类多，出库数量少，是影响拣选效率的重点。所以在实际工作中，要做到拣货时能立刻知道 C 品放在哪个货架的哪个储位，才能提高效率。

拣货单的内容要清楚，直接，方便拣选人员作业。一般按照储位号码、品名、货号、数量拣货。其中数量应换算成订单订购的最小单位，以利拣取。即若订购单位为包、盒、箱时，拣货单的单位也为包、盒、箱。拣货单见表 2-3-3。

表 2-3-3　拣货单

拣货单号：＿＿＿＿＿＿＿＿＿＿＿＿＿　　　拣货起讫时间：＿＿＿＿＿＿＿＿＿＿＿＿＿
店家名称：＿＿＿＿＿＿＿＿＿＿＿＿＿　　　复点起讫时间：＿＿＿＿＿＿＿＿＿＿＿＿＿
批号：＿＿＿＿＿＿＿＿＿＿＿＿＿＿　　　　拣货员签名：＿＿＿＿＿＿＿＿＿＿＿＿＿＿
出货日期：＿＿＿＿＿＿＿＿＿＿＿＿＿　　　复点员签名：＿＿＿＿＿＿＿＿＿＿＿＿＿＿

序号	储位号码	商品名称	商品代号	箱	盒	散品	零散总数	拣取数量	备注
1	AB00501	华元饮料	C012300	1箱		4包	28包	28包	
2	AB00503	喜来蛋卷	A022201		6盒		6盒	6盒	
3	PI00302	华元野菜	B001184	1箱		2包	26包	24包	−2
4	PI00303	乖乖大包	W112231			8包	8包	8包	
5									
6									
7									
8									
9									
10									

如果实施了分区管理，在拣选区拣选数量不够时，需要从永久存储区补货。补货单见表 2-3-4。

表 2-3-4　补货单

补货日期：　　　　　　　　　　　　　　　　　　　　　　　本单编号：

项次	存放储位	品名	货品编号	货源储位	单位	请求数量	实发数量
1	A0802	娃娃矿泉水	Pas29382	C0803	箱	20	20

四、库存分配

在实际工作中，货物、货位只要变化，就要在系统和账本上进行更新。库存分配计划表就如同库房账本，将相关库存依次在不同的客户间进行分配并在账本上记录每家客户的分配数量和该产品在库内的余额。在比赛中，此表没有特定的格式，只要组内成员清楚即可，但是要按照客户优先等级顺序从高到低依次分配库存，缺货的客户进行延期处理。

五、月台

月台是指装卸货场所修建的装卸货平台，借助月台，搬运叉车能够安全、快速地进出运输车辆进行装卸货作业。

扫码看视频

通常月台上会安装月台调节板，调节月台与运输车辆之间连接浮桥的高度，以避免月台高度与来往运输车厢的厢地高度的高度落差或间隙，造成搬运叉车不能进出的现象。

出库时货物一般码放在托盘上，便于提高作业效率，也有的直接按照店铺或者客户要求码放在地面上。码放时要注意月台要按照编号与配送客户对应，并将客户货物放置到对应的月台；货物要按照月台示意图码放，不能倒置或超过限制层数。

六、车辆调度

车辆调度的方法有多种，可根据客户所需货物、配送中心站点及交通线路的布局不同而选用不同的方法。简单的运输可采用定向专车运行调度法、循环调度法和交叉调度法等。如果配送运输任务量大，交通网络复杂，为合理调度车辆，可运用运筹学中线性规划的方法，如最短路线法、表上作业法和图上作业法等。

比赛中常采取节约里程法进行路线优化。

七、路线优化——节约里程法

它的基本原理是三角形的一边之长必定小于另外两边之和。节约里程法原理图如图2-3-1所示。

$$L_T = 2 \times (L_1 + L_2)$$

$$L_T = L_1 + L_2 + L_3$$

$$\Delta L_T = 2 \times (L_1 + L_2) - (L_1 + L_2 + L_3) = L_1 + L_2 - L_3$$

即：节约里程数=通过配送中心的距离-最短距离，以其中节约里程最大者为优选的配送方案。

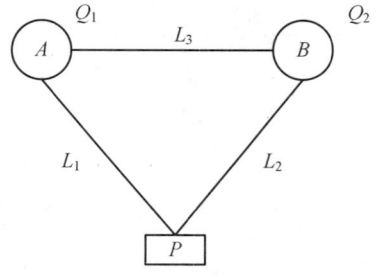

图2-3-1 节约里程法原理图

八、配装配载

（一）配送车辆积载的原则

配送车辆一般为中小型货柜车，配送的货物有轻泡货和重货，装车时既要考虑车辆的载重量，又要考虑车辆的容积，尽可能使配送车辆满载，降低成本。

在明确了客户的配送顺序后，接着就是车辆积载的问题，为了提高配送效率、降低配送成本和减少货损货差，车辆积载应遵循如下原则：

（1）装车的顺序：先送后装。
（2）轻重搭配：重不压轻。
（3）大小搭配：大不压小。
（4）货物性质搭配（三一致原则）。
（5）到达同一地点的适合配载的货物应尽可能一次积载。
（6）确定合理的堆码层次与方法。
（7）积载时不允许超过车辆所允许的最大载重量。
（8）积载时车厢内货物重量应分布均匀。
（9）应防止车厢内货物之间碰撞、相互玷污。

扫码看视频

（二）车辆配载的手工计算方法

$$\begin{cases} W_A + W_B = W \\ W_A \times R_A + W_B \times R_B = V \end{cases}$$

其中两种货物的配装重量为 W_A、W_B，质量体积分别为 R_A、R_B，则

$$W_A = \frac{V - W \times R_B}{R_A - R_B} \qquad W_B = \frac{V - W \times R_A}{R_B - R_A}$$

（三）装车堆积方式

（1）行列式堆码方式；
（2）直立式堆码方式。

堆积应注意的事项：
（1）堆码方式要有规律，整齐；
（2）堆码高度不能太高；
（3）货物在横向不得超出车厢宽度；
（4）重货在下，轻货在上，大小搭配；
（5）先卸车的货物后码放。

扫码看视频

任务1 客户优先权分析

一、任务概述

客户优先权分析基本概况见表 2-3-5。

扫码看视频

105

表 2-3-5　客户优先权分析基本概况

工作目标	完成客户优先权分析
工作环境	物流实训室
所需工具	电脑、库存表、订单
任务描述	根据给定的客户信息，判定客户优先等级，并给出相应的理由
任务资料	客户信息资料
工作成果	客户优先权分析结果
注意事项	1. 分析内容有条理，结果正确 2. 认真、仔细 3. 格式规范

二、工作任务

根据提供的信息对客户进行优先等级排序。当累计应收账款超过信用额度的 10%时，认为是无效订货。客户优先权数据见表 2-3-6。

表 2-3-6　客户优先权数据

客户名称	客户信息								订货金额
A 客户	公司性质	合资	行业	商业	注册资金	100 万	经营范围	食品、办公用品	9000
	信用额度	16 万元	忠诚度	一般	满意度	较高	应收账款	14.8 万元	
	客户类型	普通型			客户级别	B			
B 客户	公司性质	民营	行业	零售	注册资金	200 万	经营范围	日用品、食品	26200
	信用额度	110 万元	忠诚度	一般	满意度	高	应收账款	99.8 万元	
	客户类型	普通型			客户级别	B			
C 客户	公司性质	民营	行业	零售	注册资金	2000 万	经营范围	食品、日用百货	11520
	信用额度	180 万元	忠诚度	高	满意度	高	应收账款	172.5 万元	
	客户类型	重点型			客户级别	A			
D 客户	公司性质	中外合资	行业	商业	注册资金	1200 万	经营范围	日用品、食品	14860
	信用额度	200 万元	忠诚度	高	满意度	高	应收账款	199.5 万元	
	客户类型	母公司			客户级别	A			
E 客户	公司性质	中外合资	行业	零售	注册资金	3600 万	经营范围	食品、日用品	11760
	信用额度	150 万元	忠诚度	一般	满意度	高	应收账款	125 万元	
	客户类型	普通型			客户级别	B			

按照客户优先权数据表完成任务工作页，见表 2-3-7。

表 2-3-7　任务工作页

项目			任务	
组别及成员分工	组别		主管	
	信息员		操作员	
填写者姓名			时间	
行动学习阶段				
信息获取/分析				
计划				
决策				
实施/执行				
质量检查				
反思/优化				

三、工作内容

第一：熟悉客户信息。

要求：(1) 划分工作小组，每组 3 人；

(2) 讨论客户资料，提炼主要信息。

第二：明确任务单。

要求：(1) 教师发放任务单；

(2) 讨论任务并制订分工计划。

第三：判断客户等级。

要求：(1) 完成数据的信息化，利用 Excel 分析；

(2) 根据客户资料进行定性（赋予权重）、定量分析；

(3) 完成订单有效性判定方案。

注意：定性的指标赋值时保证同一指标各数值之和为 1，或者最后归一处理。

第四：研讨交流，老师点评总结。

具体实施步骤：

（1）首先将部分数据复制到 Excel 里面，见表 2-3-8。

表 2-3-8　客户优先权原始数据

指标	A 客户	B 客户	C 客户	D 客户	E 客户
忠诚度	一般	一般	高	高	一般
满意度	较高	高	高	高	高
客户类型	普通型	普通型	重点型	母公司	普通型
客户级别	B	B	A	A	B

（2）对于字符型数值，我们采取归一法[①]对指标进行赋值，然后累计数值，根据数值大小排序即可。指标赋值表见表 2-3-9。

表 2-3-9　指标赋值表

指标	A 客户	B 客户	C 客户	D 客户	E 客户
忠诚度	0.3	0.3	0.7	0.7	0.3
满意度	0.4	0.6	0.6	0.6	0.6
客户类型	0.3	0.3	0.3	0.5	0.2
客户级别	0.3	0.3	0.7	0.7	0.3
累计数值	1.3	1.5	2.3	2.5	1.4
优先权等级	3	5	2	1	4

所以优先权等级从高到低依次是 B 客户、E 客户、A 客户、C 客户、D 客户。

注意：

（1）客户优先权分析的目的是将有限资源优先满足给能为自己带来最大价值的重要客户，为了区分出等级，赋值时可以将取值差距拉大。

（2）归一法是基于各指标权重相同的一种最简单的数据处理方法。还有其他方法，如加权平均法，即各指标权重不同。还可以给各指标赋值，如 1～10 或 1～100 中不同的值，最后按照加权平均值处理即可。

四、赛场点兵

（一）比赛内容

根据提供的信息对客户进行优先等级排序。当累计应收账款超过信用额度的 10%时，为无效订货。原始数据见表 2-3-10。

[①] 归一法就是对某一指标中不同的指标值根据重要性或者高低大小赋 0～1 范围内的值，不同值加在一起为 1。

表 2-3-10　原始数据

客户名称	客户信息								订货金额
A 客户	公司性质	合资	行业	商业	注册资金	100 万	经营范围	食品、办公用品	9000
	信用额度	16 万元	忠诚度	一般	满意度	较高	应收账款	14.8 万元	
	客户类型	普通型			客户级别	B			
B 客户	公司性质	民营	行业	零售	注册资金	200 万	经营范围	日用品、食品	26200
	信用额度	110 万元	忠诚度	高	满意度	高	应收账款	99.8 万元	
	客户类型	普通型			客户级别	B			
C 客户	公司性质	民营	行业	零售	注册资金	2000 万	经营范围	食品、日用百货	11520
	信用额度	180 万元	忠诚度	高	满意度	高	应收账款	172.5 万元	
	客户类型	重点型			客户级别	A			
D 客户	公司性质	中外合资	行业	商业	注册资金	1200 万	经营范围	日用品、食品	14860
	信用额度	200 万元	忠诚度	高	满意度	高	应收账款	199.5 万元	
	客户类型	母公司			客户级别	A			
E 客户	公司性质	中外合资	行业	零售	注册资金	3600 万	经营范围	食品、日用品	11760
	信用额度	150 万元	忠诚度	一般	满意度	较高	应收账款	125 万元	
	客户类型	普通型			客户级别	A			

（二）评价指标

客户优先权评价指标见表 2-3-11。

表 2-3-11　客户优先权评价指标

考核项目	评分标准	总分值	得分值
1. 方案质量	方案格式和内容不齐全者一个扣 2 分	25	
2. 客户等级结果	客户等级分析结果不正确者一个扣 5 分	25	
3. 客户等级分析过程	客户等级分析过程和原因不正确者一个扣 5 分	20	
4. 团队合作	团队是否有组织、有计划、有协作	30	
总分（100 分）			

任务 2　订单有效性分析

一、任务概述

订单有效性分析概况见表 2-3-12。

扫码看视频

表 2-3-12　订单有效性分析概况

工作目标	完成订单有效性分析
工作环境	物流实训室
所需工具	电脑、库存表、订单
任务描述	根据给定的订单，判定其有效性，并给出相应的理由
任务资料	出库商品资料、库存信息和供应商材料等
工作成果	订单有效性分析结果表
注意事项	1. 结果正确 2. 认真、仔细 3. 规范

二、工作任务

依据表 2-3-10 的信息，判断几个客户的订单有效性。任务工作页见表 2-3-13。

表 2-3-13　任务工作页

项目			任务	
组别及成员分工	组别		主管	
	信息员		操作员	
填写者姓名			时间	
行动学习阶段				
信息获取/分析				
计划				
决策				
实施/执行				
质量检查				
反思/优化				

三、工作内容

第一：熟悉订单有效性和订单信息。
要求：（1）划分工作小组，每组 3 人；
（2）组内熟悉订单有效性和订单信息。
第二：熟悉工作任务。
要求：（1）教师发放任务单；
（2）组内讨论订单有效性的内容；
（3）讨论制订分工计划。
第三：判定订单有效性。
要求：（1）完成数据的信息化，利用 Excel 分析；
（2）根据有效性原则判定；
（3）完成订单有效性判定方案。
第四：研讨交流，老师点评总结。
具体实施步骤：
（1）首先将数据复制到 Excel 里面，见表 2-3-14。

表 2-3-14 客户优先权原始数据

指标	A 客户	B 客户	C 客户	D 客户	E 客户
信用额度/万元	6	10	180	200	150
应收账款/万元	4.8	9.8	152.5	199.5	125
订货金额/万元	0.900	2.620	1.152	1.486	1.176

（2）累计每个客户的应收账款和订货金额，求出累计金额和信用额度的百分比值，见表 2-3-15。

表 2-3-15 计算累计金额占信用额度百分比

指标	A 客户	B 客户	C 客户	D 客户	E 客户
信用额度/万元	6	10	180	200	150
应收账款/万元	4.8	9.8	152.5	199.5	125
订货金额/万元	0.900	2.620	1.152	1.486	1.176
累计金额/万元	5.700	12.420	153.652	200.986	126.176
累计金额/信用额度	95.00%	124.20%	85.36%	100.49%	84.12%

从比值可以看到，B 客户的累计金额与信用额的比值已经超过了 100%，所以可以判断该客户的订单为无效订单。

注意：
（1）比赛中订单有效性根据累计金额与信用额度的比值来判断，有时候材料里会给出其他无效条件，比如订单数据有误，某客户处于盘点期不进行其他业务等。

（2）任务工作页需要理解订单有效性含义，通过头脑风暴的方法分析可能存在的原因。

四、赛场点兵

（一）比赛内容

根据下列信息判断订单的有效性。累计应收账款与信用额的比值超过100%或者订单信息有误，认为该订单为无效订单，伙伴型的客户，其信用额度可上浮1%。公司在2018年11月开展促销活动，单日订单金额在1000~1499元的九折优惠，单日订单金额在1500~1999的八五折优惠，单日订单金额在2000元以上的八折优惠。采购订单数据见表2-3-16。

表2-3-16 采购订单数据

A公司采购订单

订单编号：D20181013××××　　　　　　　订货时间：2018.11.2

序号	商品名称	单位	单价（元）	订购数量	金额（元）	备注
1	可口发糕	箱	100	5	500	
2	婴儿尿不湿	箱	100	6	600	
3	大嫂什锦果味罐头	箱	100	4	400	
4	强人乳酸菌饮品草莓味180mL	箱	50	2	100	
5	QQ星营养果汁酸奶饮品草莓味200mL	箱	50	2	100	
6	普利思饮用纯净水550mL	箱	50	1	50	
7	可口可乐300mL	箱	50	1	50	
8	雪碧300mL	箱	50	1	50	
9	冰糖雪梨500mL	箱	50	1	50	
	合计			23	1900	

B公司采购订单

订单编号：D20181013××××　　　　　　　订货时间：2018.11.2

序号	商品名称	单位	单价（元）	订购数量	金额（元）	备注
1	可口发糕	箱	100	4	400	
2	梦洋奶粉	箱	100	6	600	
3	兰陵王酒	箱	100	5	500	
4	QQ星营养果汁酸奶饮品草莓味200mL	箱	50	2	100	
5	普利思饮用纯净水550mL	箱	50	1	50	
6	可口可乐300mL	箱	50	1	50	
7	雪碧330mL	箱	50	1	50	
	合计			20	1750	

续表

C 公司采购订单

订单编号：D20181013××××　　　　　　订货时间：2018.11.2

序号	商品名称	单位	单价（元）	订购数量	金额（元）	备注
1	可口发糕	箱	100	5	500	
2	婴儿尿不湿	箱	100	1	100	
3	大嫂什锦果味罐头	箱	100	6	600	
4	雪碧 300mL	箱	50	1	50	
5	冰糖雪梨 500mL	箱	50	1	50	
6	康师傅饮用纯净水 550mL	箱	50	1	50	
7	可口可乐 500mL	箱	50	1	50	
8	强人乳酸菌饮品草莓味 180mL	箱	50	1	50	
9	QQ 星营养果汁酸奶饮品草莓味 200mL	箱	50	2	100	
	合计			19	1550	

D 公司采购订单

订单编号：D20181013××××　　　　　　订货时间：2018.11.2

序号	商品名称	单位	单价（元）	订购数量	金额（元）	备注
1	可口发糕	箱	100	5	500	
2	梦洋奶粉	箱	100	10	1000	
3	兰陵王酒	箱	100	8	800	
4	可口可乐 500mL	箱	50	2	100	
5	强人乳酸菌饮品草莓味 180mL	箱	50	2	100	
6	QQ 星营养果汁酸奶饮品草莓味 200mL	箱	50	2	100	
7	雪碧 300mL	箱	50	1	50	
8	冰糖雪梨 500mL	箱	50	1	50	
9	康师傅饮用纯净水 550mL	箱	50	2	100	
	合计			33	2800	

E 公司采购订单

订单编号：D20181013××××　　　　　　订货时间：2018.11.2

序号	商品名称	单位	单价（元）	订购数量	金额（元）	备注
1	可口发糕	箱	100	6	600	
2	婴儿尿不湿	箱	100	3	300	
3	梦洋奶粉	箱	100	3	300	
4	孔庙祈福橡皮擦	箱	50	2	100	
5	舒肤佳纯白清香型香皂 125 克	箱	50	2	100	
6	铅笔	箱	50	2	100	

续表

序号	商品名称	单位	单价（元）	订购数量	金额（元）	备注
7	舒肤佳活力运动型香皂 125 克	箱	50	2	100	
8	晨光露丝猫直尺	箱	50	2	100	
9	QQ 星营养果汁酸奶饮品草莓味 200mL	箱	50	1	50	
10	普利思饮用纯净水 550mL	箱	50	1	50	
11	可口可乐 300mL	箱	50	1	50	
	合计			25	1850	

F 公司采购订单

订单编号：D20181013××××　　　　　　　　　订货时间：2018.11.2

序号	商品名称	单位	单价（元）	订购数量	金额（元）	备注
1	可口发糕	箱	100	6	600	
2	梦洋奶粉	箱	100	3	300	
3	孔庙祈福橡皮擦	箱	50	1	50	
4	舒肤佳纯白清香型香皂 125 克	箱	50	1	50	
5	铅笔	盒	50	1	50	
6	舒肤佳活力运动型香皂 125 克	箱	50	1	50	
7	晨光露丝猫直尺	箱	50	2	100	
8	QQ 星营养果汁酸奶饮品草莓味 200mL	箱	50	1	50	
9	普利思饮用纯净水 550mL	箱	50	1	50	
10	可口可乐 300mL	箱	50	1	50	
	合计			19	1350	

客户档案资料见表 2-3-17。

表 2-3-17　客户档案资料

客户档案（A 公司）

客户编号	200302××××						
公司名称	A 公司				助记码	MF	
公司性质	民营	所属行业	零售	注册资金	300 万	经营范围	日用品、食品
信用额度	9 万元	忠诚度	一般	满意度	高	应收账款	8.85 万元
客户类型	普通			客户级别	B		

客户档案（B 公司）

客户编号	200816××××						
公司名称	B 公司				助记码	MY	
公司性质	中外合资	所属行业	零售业	注册资金	3600 万	经营范围	食品、日用品
信用额度	10 万元	忠诚度	高	满意度	高	应收账款	9.95 万元
客户类型	伙伴型			客户级别	A		

客户档案（C 公司）

客户编号	200403××××							
公司名称	C 公司				助记码	ML		
公司性质	民营	所属行业	零售业	注册资金	1200 万	经营范围	食品、办公用品
信用额度	150 万元	忠诚度	高	满意度	较高	应收账款	142 万元
客户类型	重点型			客户级别	A		

客户档案（D 公司）

客户编号	200304××××							
公司名称	D 公司				助记码	ML		
公司性质	中外合资	所属行业	商业	注册资金	100 万	经营范围	食品、办公用品
信用额度	5 万元	忠诚度	一般	满意度	较高	应收账款	4.5 万元
客户类型	普通型			客户级别	B		

备注：公司于每年 11 月 1 日－5 日盘点，盘点期间不收、发货物

客户档案（E 公司）

客户编号	200302××××							
公司名称	E 公司				助记码	MJ		
公司性质	中外合资	所属行业	商业	注册资金	1200 万	经营范围	日用品、食品
信用额度	200 万元	忠诚度	高	满意度	高	应收账款	199.8 万元
客户类型	子公司			客户级别	A		

客户档案（F 公司）

客户编号	200908××××							
公司名称	F 公司				助记码	TC		
公司性质	国有	所属行业	商业	注册资金	400 万	经营范围	服装、食品
信用额度	15 万元	忠诚度	一般	满意度	一般	应收账款	13 万元
客户类型	普通型			客户级别	B		

客户档案（G 公司）

客户编号	200901××××							
公司名称	G 公司				助记码	MLL		
公司性质	民营	所属行业	零售	注册资金	400 万	经营范围	食品、日用百货
信用额度	160 万元	忠诚度	较高	满意度	高	应收账款	152.5 万元
客户类型	重点型			客户级别	B		

客户档案（H 公司）

客户编号	201240××××							
公司名称	H 公司				助记码	MCH		
公司性质	外资	所属行业	商业	注册资金	600 万	经营范围	食品、日用百货
信用额度	15 万元	忠诚度	一般	满意度	一般	应收账款	9.5 万元
客户类型	普通型			客户级别	B		

客户档案（I 公司）

客户编号	200908××××						
公司名称	I 公司				助记码	MX	
公司性质	国有	所属行业	商业	注册资金	400 万	经营范围	服装、食品
信用额度	15 万元	忠诚度	一般	满意度	一般	应收账款	13 万元
客户类型	普通型			客户级别	B		

客户档案（J 公司）

客户编号	21005××××						
公司名称	J 公司				助记码	ML	
公司性质	民营	所属行业	零售	注册资金	200 万	经营范围	日用品、食品
信用额度	10 万元	忠诚度	一般	满意度	较高	应收账款	9.9 万元
客户类型	普通型			客户级别	C		

（二）评价指标

订单有效性评价见表 2-3-18。

表 2-3-18 订单有效性评价表

考核项目	评分标准	总分值	得分值
1. 方案质量	方案格式和内容不齐全者一个扣 2 分	25	
2. 有效性分析结果	订单有效性分析结果不正确者一个扣 5 分	25	
3. 有效性分析过程	有效性分析过程和原因不正确者一个扣 5 分	20	
4. 团队合作	团队是否有组织、有计划、有协作	30	
总分（100 分）			

任务 3　制定库存分配计划表

一、任务概述

库存分配计划概况见表 2-3-19。

表 2-3-19　库存分配计划概况

工作目标	制定库存分配计划表
工作环境	物流实训室
所需工具	电脑
任务描述	依据客户订单和客户优先等级顺序制定库存分配计划表，将相关库存在不同的客户间进行分配并显示库存余额
任务资料	客户订单、客户资料
工作成果	库存分配计划表
注意事项	1. 分析内容有条理，结果正确 2. 认真、仔细 3. 格式规范

二、工作任务

根据下列信息,完成库存分配计划表。当累计收款超过信用额度的15%时,认为该订单是无效订单。任务工作页见表2-3-20。

表2-3-20 任务工作页

项目			任务	
组别及成员分工	组别		主管	
	信息员		操作员	
填写者姓名			时间	
行动学习阶段				
信息获取/分析				
计划				
决策				
实施/执行				
质量检查				
反思/优化				

（一）客户资料

客户信息见表 2-3-21。

表 2-3-21　客户信息表

客户名称	客户信息								订货金额/元
A 客户	公司性质	合资	行业	商业	注册资金	100 万	经营范围	食品、办公用品	9000
	信用额度	16 万元	忠诚度	一般	满意度	较高	应收账款	14.8 万元	
	客户类型	普通型			客户级别	B			
B 客户	公司性质	民营	行业	零售	注册资金	200 万	经营范围	日用品、食品	26200
	信用额度	110 万元	忠诚度	高	满意度	高	应收账款	99.8 万元	
	客户类型	普通型			客户级别	B			
C 客户	公司性质	民营	行业	零售	注册资金	2000 万	经营范围	食品、日用百货	11520
	信用额度	180 万元	忠诚度	高	满意度	高	应收账款	172.5 万元	
	客户类型	重点型			客户级别	A			
D 客户	公司性质	中外合资	行业	商业	注册资金	1200 万	经营范围	日用品、食品	14860
	信用额度	200 万元	忠诚度	高	满意度	高	应收账款	199.5 万元	
	客户类型	母公司			客户级别	A			
E 客户	公司性质	中外合资	行业	零售	注册资金	3600 万	经营范围	食品、日用品	11760
	信用额度	100 万元	忠诚度	一般	满意度	较高	应收账款	125 万元	
	客户类型	普通型			客户级别	A			

（二）出库单据与库存信息

出库信息和库存见表 2-3-22。

表 2-3-22　出库信息和库存

A 客户采购订单

序号	商品名称	单位	单价/元	订购数量	金额/元
1	好娃娃薯片	箱	80	20	1600
2	蜂圣牌蜂皇浆冻干粉片	箱	260	6	1560
3	大王牌大豆酶解蛋白粉	箱	420	9	3780
4	利鑫达板栗	箱	240	4	960
5	休闲黑瓜子	箱	110	10	1100
	合计			49	9000

B 客户采购订单

序号	商品名称	单位	单价/元	订购数量	金额/元
1	蜂圣牌蜂皇浆冻干粉片	箱	260	20	5200
2	大王牌大豆酶解蛋白粉	箱	420	50	21000
	合计			70	26200

C 客户采购订单

序号	商品名称	单位	单价/元	订购数量	金额/元
1	大王牌大豆酶解蛋白粉	箱	420	12	5040
2	康师傅方便面	箱	160	14	2240
3	利鑫达板栗	箱	240	9	2160
4	蜂圣牌蜂皇浆冻干粉片	箱	260	8	2080
	合计			43	11520

D 客户采购订单

序号	商品名称	单位	单价/元	订购数量	金额/元
1	诚诚油炸花生仁	箱	180	24	4320
2	利鑫达板栗	箱	240	10	2400
3	大王牌大豆酶解蛋白粉	箱	420	8	3360
4	吉欧蒂亚干红葡萄酒	箱	300	9	2700
5	蜂圣牌蜂皇浆冻干粉片	箱	260	8	2080
	合计			59	14860

E 客户采购订单

序号	商品名称	单位	单价/元	订购数量	金额/元
1	利鑫达板栗	箱	240	7	1680
2	蜂圣牌蜂皇浆冻干粉片	箱	260	11	2860
3	休闲黑瓜子	箱	110	6	660
4	金多多婴儿营养米粉	箱	400	8	3200
5	大王牌大豆酶解蛋白粉	箱	420	8	3360
	合计			40	11760

商品信息见表 2-3-23。

表 2-3-23 商品信息

序号	商品名称	包装规格/mm（长×宽×高）	单价/（元/箱）	重量/kg	库存数量/箱
1	休闲黑瓜子	595×395×375	110	21	15
2	康师傅方便面	595×325×330	160	3	18
3	大王牌大豆酶解蛋白粉	495×395×320	420	35	36

续表

序号	商品名称	包装规格/mm（长×宽×高）	单价/（元/箱）	重量/kg	库存数量/箱
4	蜂圣牌蜂皇浆冻干粉片	395×295×275	260	16	30
5	诚诚油炸花生仁	395×245×265	180	30	28
6	利鑫达板栗	330×235×240	240	35	60
7	金多多婴儿营养米粉	295×245×240	400	18	32
8	吉欧蒂亚干红葡萄酒	460×260×230	300	16	18
9	好娃娃薯片	455×245×200	80	2	50

三、工作内容

第一：熟悉客户资料、出库信息表和库存信息。

要求：（1）学生分组，3人一组；

（2）熟悉客户资料、出库信息表和库存信息。

第二：熟悉工作任务单。

要求：（1）教师下发任务单；

（2）组内讨论任务并制订工作计划；

第三：制定库存分配计划表。

要求：（1）完成客户优先权等级；

（2）完成订单有效性；

（3）制定库存分配计划表。

第四：老师点评总结。

具体实施步骤：

（1）订单有效性分析结果见表2-3-24。

表2-3-24 订单有效性分析结果

指标	A客户	B客户	C客户	D客户	E客户
信用额度	6	10	180	200	100
应收账款	4.8	9.8	152.5	199.5	125
订货金额	0.900	2.620	1.152	1.486	1.176
欠款	5.700	12.420	153.652	200.986	126.176
欠款/信用额度	95.00%	124.20%	85.36%	100.49%	126.18%
		无效			无效

根据欠款/信用额度比值，B客户和E客户均超过15%，两家超市的订单按无效订单处理。

（2）客户优先权分析。对其他指标赋值，优先权分析结果见表2-3-25。

表 2-3-25　优先权分析结果

指标	A 客户	B 客户	C 客户	D 客户	E 客户
忠诚度	0.3	0.3	0.7	0.7	0.3
满意度	0.4	0.6	0.6	0.6	0.6
客户类型	0.2	0.2	0.3	0.5	0.2
客户级别	0.3	0.3	0.7	0.7	0.3
总和	1.2	1.4	2.3	2.5	1.4
排序	4	3	2	1	3

此时 A 客户分值最小。如果将 B 客户和 E 客户排除后的库存量够用，则不需要考虑 A 客户的优先等级值。

（3）制定库存分配计划表，见表 2-3-26。

表 2-3-26　库存分配计划表

商品名称	库存	A 客户	C 客户	D 客户	订单总数	余下库存
休闲黑瓜子	15	10	0	0	10	5
康师傅方便面	18	0	14	0	14	4
蛋白粉	36	9	12	8	29	7
干粉片	30	6	8	8	22	8
花生仁	28	0	0	24	24	4
利鑫达板栗	60	4	9	10	23	37
营养米粉	32	0	0	0	0	32
红葡萄酒	18	0	0	9	9	9
好娃娃薯片	50	20	0	0	20	30

注意：

（1）库存分配计划是按照有效订单和客户优先等级由高到低的顺序依次分配的，库存不足可以进行延期补货处理。

（2）分析客户优先权和订单有效性是首要工作，然后才可以完成库存分配计划。

（3）库存分配计划里包含散货和整箱货的分配。比赛中拣选单里只有整箱货的拣选。

四、赛场点兵

根据下列信息，制定库存分配计划表。

（一）订单信息

客户采购订单数据见表 2-3-16，客户档案资料见 2-3-17，库存信息见表 2-3-27。

表 2-3-27　库存信息

序号	商品名称	单位	库存
1	可口发糕	箱	14
2	梦洋奶粉	箱	22

续表

序号	商品名称	单位	库存
3	兰陵王酒	箱	32
4	婴儿尿不湿	箱	10
5	大嫂什锦果味罐头	箱	18

（二）评价指标

库存分配计划评价指标见表 2-3-28。

表 2-3-28　库存分配计划评价指标

考核项目	评分标准	总分值	得分值
1. 方案格式	方案格式和内容不齐全者一个扣 2 分	10	
2. 入库方案	入库方案质量及内容完整性不正确者一个扣 2 分	25	
3. 订单有效性分析	订单有效性分析原因和结果不正确者一个扣 2 分	10	
4. 客户等级分析	客户等级分析过程和原因结果不正确者一个扣 5 分	10	
5. 库存分配计划表	库存分配过程和结果不正确者一个扣 5 分	20	
6. 团队合作	团队是否有组织、有计划、有协作	25	
总分（100 分）			

任务 4　制订拣选作业计划

一、任务概述

拣选作业计划概况见表 2-3-29。

扫码看视频

表 2-3-29　拣选作业计划概况

工作目标	制订拣选作业计划
工作环境	物流实训室
所需工具	电脑
任务描述	依据减少拣选次数、优化拣选路径、缩短拣选时间、注重效率的思路制订拣选作业计划
任务资料	货物存储图、有效订单、库区布局图等资料
工作成果	拣选作业计划
注意事项	1．分析内容有条理，结果正确 2．认真、仔细 3．格式规范

二、工作任务

根据提供的信息对客户进行优先等级排序，进行拣选作业方案设计。假定安全库存量为 5～20。任务工作页见表 2-3-30。

表 2-3-30　任务工作页

项目			任务	
组别及成员分工	组别		主管	
	信息员		操作员	
填写者姓名			时间	
行动学习阶段					
信息获取/分析					
计划					
决策					
实施/执行					
质量检查					
反思/优化					

（一）库存及有效订单信息见表 2-3-31。

表 2-3-31　库存及有效订单信息

已有库存	商品名称	A 客户	C 客户	E 客户
10	休闲黑瓜子	0	2	6
18	康师傅方便面	0	14	2
36	蛋白粉	9	12	8
30	干粉片	6	8	11
24	花生仁	7	0	5
60	利鑫达板栗	4	9	7
32	营养米粉	5	0	8
18	红葡萄酒	5	0	11
50	好娃娃薯片	20	12	12

（二）货物储位图

1. 货架布局图

货架布局如图 2-3-2 所示。

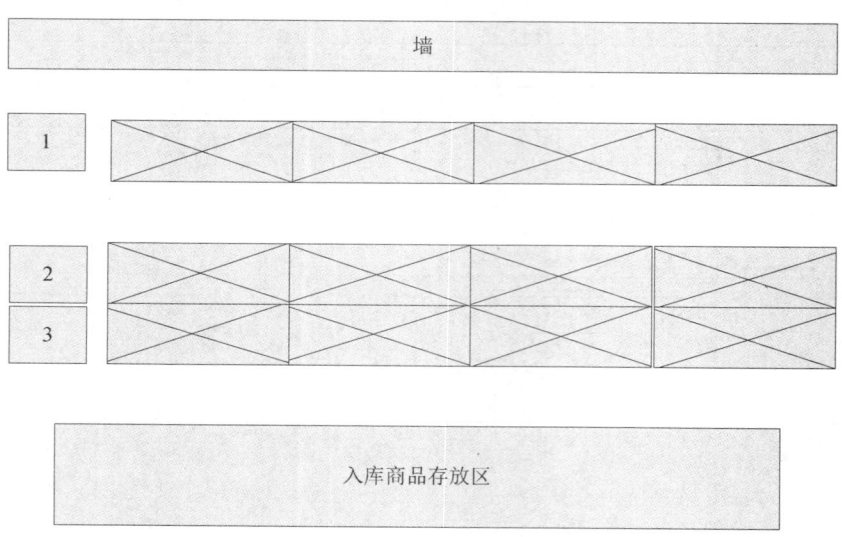

图 2-3-2　货架布局图

2. 存储图

货架存储如图 2-3-3 所示。

01010401 华龙拉面 10	01010402 休闲黑瓜子 10	01010403 干果 20	01010404 旺旺仙贝 11
01010301 泡面搭档 30	01010302 肉脯 11	01010303 双汇 Q 趣 40	01010304 洽洽瓜子 12
01010201 大豆油 5	01010202 康师傅方便面 8	01010203 干粉片 30	01010204 好娃娃薯片 30
01010101 蛋黄派 27	01010102 蛋黄派 27	01010103 可口可乐 34	01010104 可口可乐 32

(a) 第 1 货架货物存储示意图

图 2-3-3　货架存储图（商品名称后面的数据表示数量，阴影为入库的货物）

| 01020401 | 01020402 | 01020403 | 01020404 |
| 小王子麦烧 22 | 小王子麦烧 11 | 太太乐鸡精 24 | 太太乐鸡精 10 |

| 01020301 | 01020302 | 01020303 | 01020304 |
| 利鑫达板栗 50 | 旺仔小馒头 15 | 碎果冰 19 | 康师傅每日 C 25 |

| 01020201 | 01020202 | 01020203 | 01020204 |
| 营养快线 12 | 大豆油 18 | 麻油 25 | 旺仔牛奶 20 |

| 01020101 | 01020102 | 01020103 | 01020104 |
| 红葡萄酒 18 | 色拉油 12 | 蛋白粉 20 | 蛋白粉 16 |

（b）第 2 货架货物存储示意图

| 01030401 | 01030402 | 01030403 | 01030404 |
| 可吸果冻 21 | 可吸果冻 22 | 苏打饼干 12 | 苏打饼干 3 |

| 01030301 | 01030302 | 01030303 | 01030304 |
| 干脆面 32 | 苏打水 15 | 利鑫达板栗 10 | 榴莲糖 19 |

| 01030201 | 01030202 | 01030203 | 01030204 |
| 好娃娃薯片 20 | 营养米粉 12 | 营养米粉 20 | 康师傅方便面 10 |

| 01030101 | 01030102 | 01030103 | 01030104 |
| 花生仁 24 | 米酒 20 | 红牛 20 | 巧克力 12 |

（c）第 3 货架货物存储示意图

图 2-3-3　货架存储图（商品名称后面的数据表示数量，阴影为入库的货物）（续图）

（三）补货单

补货单格式见表 2-3-32。

表 2-3-32　补货单

补货日期：						本单编号：	
项次	存放储位	品名	货品编号	货源储位	单位	请求数量	实发数量

三、工作内容

第一：熟悉相关信息。

要求：（1）学生分组，3人一组；

（2）熟悉货物存储图和订单等信息；

（3）讨论安全库存、拣选策略等。

第二：分析工作任务。

要求：（1）教师下发任务单；

（2）讨论任务并制订工作计划。

第三：制订拣选作业计划。

要求：（1）完成拣选单。

（2）完成拣选作业计划。

第四：老师点评总结。

具体实施步骤：

（1）选择拣选方式。有摘果式和播种式两种。

1）摘果式。如果选用摘果式拣选方法则拣选单应按照订单所定的商品及数量分批次制定拣选单，在表格中应写出是哪个客户、具体时间、商品序号、商品名称、商品所在货位号以及拣选的数量。在最后要注明经手人。摘果式拣选单具体格式见表2-3-33（以E客户为例，其他客户摘果式拣选类似）。

表2-3-33 摘果式拣选

客户名称	E客户	拣货时间	2019年5月8日上午
序号	商品名称	货位号	拣货数量
1	休闲黑瓜子	01010402	6
2	康师傅方便面	01010202	2
3	蛋白粉	01020103	8
4	干粉片	01010203	11
5	花生仁	01030101	5
6	利鑫达板栗	01030303	7
7	营养米粉	01030202	8
8	红葡萄酒	01020101	11
9	好娃娃薯片	01010204	12
经手人	×××		

注：根据FIFO原则，其中蛋白粉必须从01020103拣选。

2）播种式。播种式拣选是按照商品来设计拣选单的。在对表2-3-31（库存及有效订单信息）进行分析后可知，每种商品都至少有2个客户需要，所以可以设计出一个播种式拣选单。

播种式可以按时间来决定拣选批次。如果没有时间差异，则直接汇总每件商品的数量。在表格中应写出拣货的具体时间、商品序号、商品名称、商品所在货位号以及拣选的数量，最后要注明经手人。拣选单具体格式见表2-3-34。

表 2-3-34 播种式拣选

拣货时间：2019 年 5 月 8 日上午				客户（月台）		
序号	商品名称	货位号	拣货数量	A 客户	C 客户	E 客户
1	休闲黑瓜子	01010402	8	0	2	6
2	康师傅方便面	01010202，01030204	16（6,10）	0	14	2
3	蛋白粉	01020103，0102014	29（20,9）	9	12	8
4	干粉片	01010203	25	6	8	11
5	花生仁	01030101	12	7	0	5
6	利鑫达板栗	01020301	20	4	9	7
7	营养米粉	01030203	13	5	0	8
8	红葡萄酒	01020101	16	5	0	11
9	好娃娃薯片	01010204，01030201	44（30,14）	20	12	12
经手人	×××					

（2）制订拣选作业计划。为了少走路程，选择 U 型路线。拣选作业计划中应写出具体时间、商品序号、商品名称、商品所在货位号以及拣选的数量。在最后要注明经手人。具体格式见表 2-3-35（按照播种式设计）。

表 2-3-35 拣选作业计划

拣货时间：2019 年 5 月 8 日上午				
序号	商品名称	货位号	拣货数量	
1	花生仁	01030101	12	余 12 归位
2	好娃娃薯片	01030201	14	余 6 归位
3	营养米粉	01030203	13	余 7 归位
4	康师傅方便面	01030204	10	整托下
5	蛋白粉	0102014	9	余 7 归位
6	蛋白粉	01020103	20	整托下
7	红葡萄酒	01020101	16	余 2 归位
8	利鑫达板栗	01020301	20	余 30 归位
9	康师傅方便面	01010202	6	余 2 归位
10	休闲黑瓜子	01010402	8	余 2 归位
11	干粉片	01010203	25	余 5 归位
12	好娃娃薯片	01010204	30	整托下
经手人	×××			

注意：

（1）在比赛或考试中，拣选方式有以下考虑因素：摘果式拣选单依据每个客户进行设计，播种式拣选单依据商品进行设计。一般选择既有摘果式又有播种式的混合拣选方法，首先考虑商品，然后可以按照客户进行摘果式拣选。

（2）拣选计划设计首先要遵循物流的基本原则：FIFO 原则、释放货位原则、保质期短的商品优先出库原则。

（3）如果客户或者考试比赛中有明确要求，需要按照要求执行拣选计划。比如批次不同的商品按照要求可能优先出最后入库的商品，虽然按照物流的原则应该先出某一批次的同一商品，但此时应先考虑客户或比赛要求。

（4）任务工作页上要求小组总结出拣选的不同方式、特点及应用场所，并能设计出具体的题目。

（5）随着技术的进步，拣选设备越来越先进，货到人和多货位同时拣选技术越来常见。选择拣选方法的基本原则是 FIFO（同一批次的商品遵从先进先出的原则）、订单合并（对于不同货位的同一批次的同类型货物按照播种式进行一次拣选，然后播种到各客户）、LIFO（指生产日期较长时间的商品优先拣选）、释放货位（将不同货位同类型货物数量较少的优先拣选出库）等。

示例：如图 2-3-4 所示为货到人立体货架存储图，每货位库存 10 单位。1～2 列、3～4 列间各有一台高速垂直工作的收集车，接收每层台车从各层货位取到的货物，多余的货物会通过轨道由收集车送回对应的货位。根据出库单设定拣选单和拣选计划。

商品名称	葵花阳光米	娃哈哈有机水	娃哈哈有机奶	康佳蛋白粉
货位号	J01-01-07-01	J01-01-07-02	J01-01-07-03	J01-01-07-04
库存数量	10	10	10	10
剩余保质期（天）	52	48	52	60
商品名称	康佳蛋白粉	康师傅咖啡（大）	娃哈哈有机奶	怡然话梅糖
货位号	J01-01-06-01	J01-01-06-02	J01-01-06-03	J01-01-06-04
库存数量	10	10	10	10
剩余保质期（天）	120	50	52	50
商品名称	婴儿纸尿裤	葵花阳光米	开心饼干	婴儿睡裤
货位号	J01-01-05-01	J01-01-05-02	J01-01-05-03	J01-01-05-04
库存数量	10	10	10	10
剩余保质期（天）	100	120	40	50
商品名称	康师傅咖啡（大）	娃哈哈有机水	娃哈哈有机奶	康佳蛋白粉
货位号	J01-01-04-01	J01-01-04-02	J01-01-04-03	J01-01-04-04
库存数量	10	10	10	10
剩余保质期（天）	70	48	100	60
商品名称	农夫金酒	顺心奶嘴	葵花阳光米	开心饼干
货位号	J01-01-03-01	J01-01-03-02	J01-01-03-03	J01-01-03-04
库存数量	10	10	10	10
剩余保质期（天）	190	100	68	5
商品名称	开心饼干	娃哈哈有机水	怡然话梅糖	婴儿纸尿裤
货位号	J01-01-02-01	J01-01-02-02	J01-01-02-03	J01-01-02-04
库存数量	10	10	10	10
剩余保质期（天）	55	48	40	130
商品名称	婴儿纸尿裤	康师傅咖啡（大）	娃哈哈有机水	开心饼干
货位号	J01-01-01-01	J01-01-01-02	J01-01-01-03	J01-01-01-04
库存数量	10	10	10	10
剩余保质期（天）	90	40	90	5

图 2-3-4　货到人立体货架存储图

出库订单见表 2-3-36。

表 2-3-36 出库订单

商品名称	A 超市	B 超市	C 超市	总数
葵花阳光米	7	3	5	15
娃哈哈有机水	2	2	2	6
娃哈哈有机奶	3	3	4	10
康佳蛋白粉	4			4
农夫金酒		3		3
康师傅咖啡（大）	12	25	18	55
婴儿纸尿裤	3	6		9
开心饼干			12	12
美心蜂蜜		7		7
怡然话梅糖	3	6	5	14
顺心奶嘴	8			8
婴儿纸尿裤		5		5

我们分析出库订单后可以知道，粗体部分的货物仅一家超市需要，可以摘果式拣选，其他货物是播种式拣选。同时考虑上述的拣选原则，制定的播种拣选单和摘果式拣选单见表 2-3-37、表 2-3-38。

表 2-3-37 播种式拣选单

商品名称	A 超市	A 超市	C 超市	总数	货位	备注
葵花阳光米	7	3	5	15	J01-01-07-01（10）、J01-01-03-03（5）	
娃哈哈有机水	2	2	2	6	J01-01-02-02（6）	
娃哈哈有机奶	3	3	4	10	J01-01-06-03（10）	
康师傅咖啡（大）	12	25	18	55	J01-01-01-02（10）、J01-01-01-06（10）、J01-01-06-02（10）、J01-01-04-01（10）、J01-01-04-06（10）	缺 5 延期补货
婴儿纸尿裤	3	6		9	J01-01-01-01（9）	
怡然话梅糖	3	6	5	14	J01-01-02-03（10）、J01-01-06-04（4）	

表 2-3-38 摘果式拣选单

商品名称	A 超市	B 超市	C 超市	总数	货位	备注
康佳蛋白粉	4			4	J01-01-03-06（4）	
农夫金酒		3		3	J01-01-03-01（3）	
开心饼干			12	12	J01-01-05-03（10）	缺 2 延期补货
美心蜂蜜		7		7	J01-01-06-05（7）	
顺心奶嘴	8			8	J01-01-03-02（8）	
婴儿纸尿裤		5		5	J01-01-01-01（5）	

四、赛场点兵

根据下列信息资料，按照减少拣选次数、优化拣选路径、缩短拣选时间，注重效率的思路制订拣选作业计划，并说明理由。

（一）货位存储图

货位存储如图 2-3-5 所示。

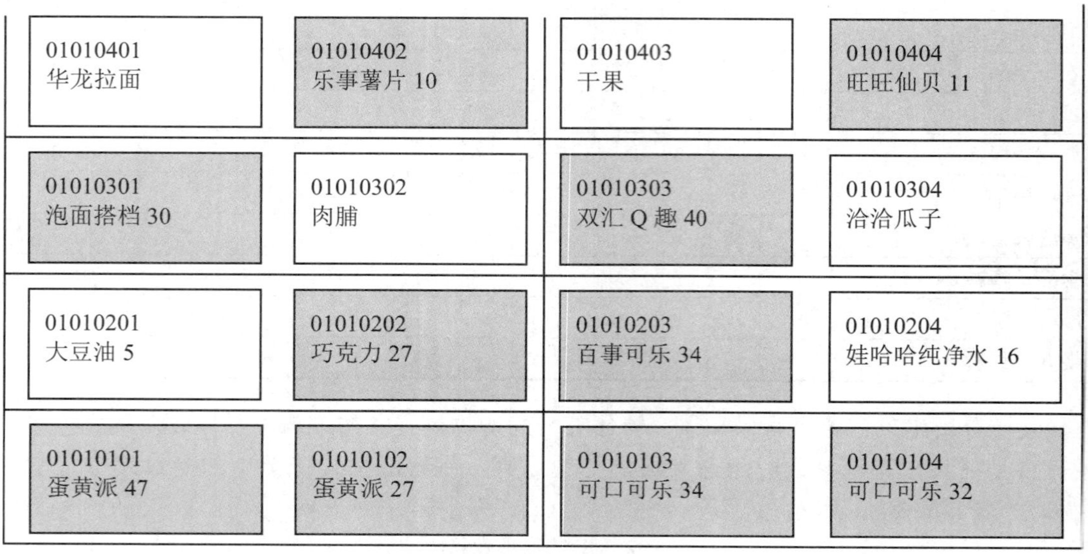

01010401 华龙拉面	01010402 乐事薯片 10	01010403 干果	01010404 旺旺仙贝 11
01010301 泡面搭档 30	01010302 肉脯	01010303 双汇 Q 趣 40	01010304 洽洽瓜子
01010201 大豆油 5	01010202 巧克力 27	01010203 百事可乐 34	01010204 娃哈哈纯净水 16
01010101 蛋黄派 47	01010102 蛋黄派 27	01010103 可口可乐 34	01010104 可口可乐 32

（a）第 1 货架货物存储示意图

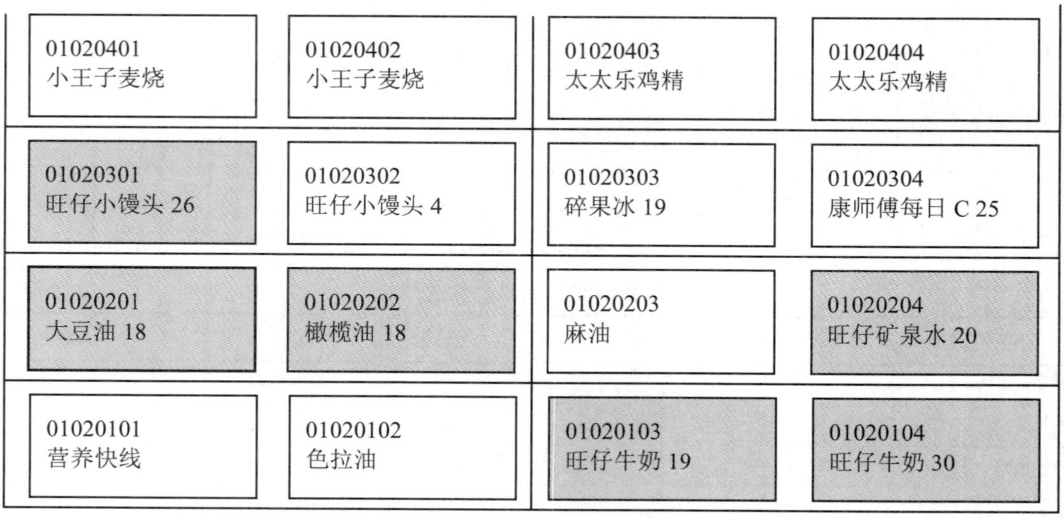

01020401 小王子麦烧	01020402 小王子麦烧	01020403 太太乐鸡精	01020404 太太乐鸡精
01020301 旺仔小馒头 26	01020302 旺仔小馒头 4	01020303 碎果冰 19	01020304 康师傅每日 C 25
01020201 大豆油 18	01020202 橄榄油 18	01020203 麻油	01020204 旺仔矿泉水 20
01020101 营养快线	01020102 色拉油	01020103 旺仔牛奶 19	01020104 旺仔牛奶 30

（b）第 2 货架货物存储示意图

图 2-3-5　货架存储图（商品名称后面的数据表示数量，阴影为入库的货物）

| 01030401 可吸果冻 | 01030402 可吸果冻 | 01030403 苏打饼干 | 01030404 苏打饼干 |

| 01030301 干脆面 | 01030302 苏打水 | 01030303 榴莲糖 | 01030304 榴莲糖 |

| 01030201 农夫果园 | 01030202 康师傅冰红茶（大）20 | 01030203 优乐美奶茶 12 | 01030204 巧克力 20 |

| 01030101 老山蜂蜜 35 | 01030102 米酒 | 01030103 红牛 | 01030104 可口可乐 12 |

(c) 第 3 货架货物存储示意图

图 2-3-5　货架存储图（商品名称后面的数据表示数量，阴影为入库的货物）（续图）

（二）货架布局图

货架布局如图 2-3-2 所示。

（三）出库单信息

出库单见表 2-3-39。

表 2-3-39　出库单

序号	商品名称	华丰店	果美店	苏苏店	旺旺店
1	可口可乐	20	12	18	22
2	巧克力	15	9	0	13
3	蛋黄派	16	15	20	16
4	老山蜂蜜	9	10	6	0
5	旺仔小馒头	6	0	0	0
6	优乐美奶茶	3	0	0	0
7	旺仔牛奶	8	13	12	12
8	大豆油	0	7	8	6
9	乐事薯片	0	0	0	3
10	旺旺仙贝	0	0	0	0
11	双汇 Q 趣	0	0	0	4
12	康师傅每日 C	0	5	0	0
13	泡面搭档	6	0	7	5
14	康师傅冰红茶（大）	0	0	4	0
15	碎果冰	0	0	8	0
16	娃哈哈纯净水	0	0	0	6

（四）评价指标

拣选作业计划评价指标见表 2-3-40。

表 2-3-40　拣选作业计划评价指标

考核项目	评分标准	总分值	得分值
1. 方案格式	方案格式和内容不齐全者一个扣 2 分	10	
2．方案质量	方案整体质量及内容完整性不正确者一个扣 2 分	25	
2. 订单有效性分析	订单有效性分析原因和结果不正确者一个扣 2 分	10	
3. 拣选单	拣选分析过程和原因结果不正确者一个扣 5 分	10	
4. 补货单	补货商品名称和数量不正确者一个扣 5 分	20	
5. 团队合作	团队是否有组织、有计划、有协作	25	
总分（100 分）			

任务 5　绘制月台码放图

扫码看视频

一、任务概述

月台码放概况见表 2-3-41。

表 2-3-41　月台码放概况

工作目标	绘制月台码放图
工作环境	物流实训室
所需工具	电脑
任务描述	根据一定的原则，将拣选出的货物明细码放在月台上
任务资料	有效的客户出库订单、月台参数，包装箱参数
工作成果	月台图绘制方案
注意事项	1. 每垛货物只能放一种货物 2. 垛形要易于点数 3. 货物码放在托盘上

二、工作任务

根据出库单及包装箱信息表（表 2-3-42），将货物码放在尺寸为 2400mm×1000mm 的月台上。月台数量 5 个，包装箱限高三层。不考虑货物重量，托盘尺寸为 1200mm×1000mm×160mm。任务工作页见表 2-3-43。

表 2-3-42　出库单及包装箱信息

序号	商品名称	货品规格/mm	华丰店	果美店	苏苏店	旺旺店
1	可口可乐	297×220×284	2	13	11	3
2	巧克力	440×217×334	1	12	0	3
3	蛋黄派	466×266×200	3	14	14	11
4	老山蜂蜜	417×240×230	1	6	22	0
5	旺仔小馒头	325×223×235	2	0	0	0
6	优乐美奶茶	600×400×220	3	0	0	0
7	旺仔牛奶	400×285×285	1	12	22	4
8	大豆油	330×320×365	0	24	4	14
9	乐事薯片	545×295×325	0	0	0	3
10	旺旺仙贝	355×265×340	0	0	0	0
11	双汇Q趣	310×235×130	0	0	0	4
12	康师傅每日C	345×215×215	0	11	0	0
13	泡面搭档	345×215×105	1	0	4	3
14	康师傅冰红茶（大）	325×185×305	0	0	5	0
15	碎果冰	350×260×175	0	0	1	0
16	娃哈哈纯净水	380×255×234	0	0	0	8

表 2-3-43　任务工作页

项目			任务	
组别及成员分工	组别		主管	
	信息员		操作员	
填写者姓名			时间	
行动学习阶段				
信息获取/分析				
计划				
决策				
实施/执行				
质量检查				
反思/优化				

三、工作内容

第一：熟悉相关信息。

要求：（1）学生分组，3 人一组；

　　　（2）熟悉出库单信息；

　　　（3）讨论货物堆码方式和原则。

第二：分析工作任务。

要求：（1）教师下发任务单；

　　　（2）讨论任务并制订工作计划。

第三：制定月台码放图。

要求：使用绘图工具如 Word、Visio 绘制。

第四：老师点评总结。

具体实施步骤（华丰店，Visio 为例）：

（1）打开 Visio 的基本流程图。

（2）绘制托盘以及各货物的底面积尺寸，如图 2-3-6 所示。

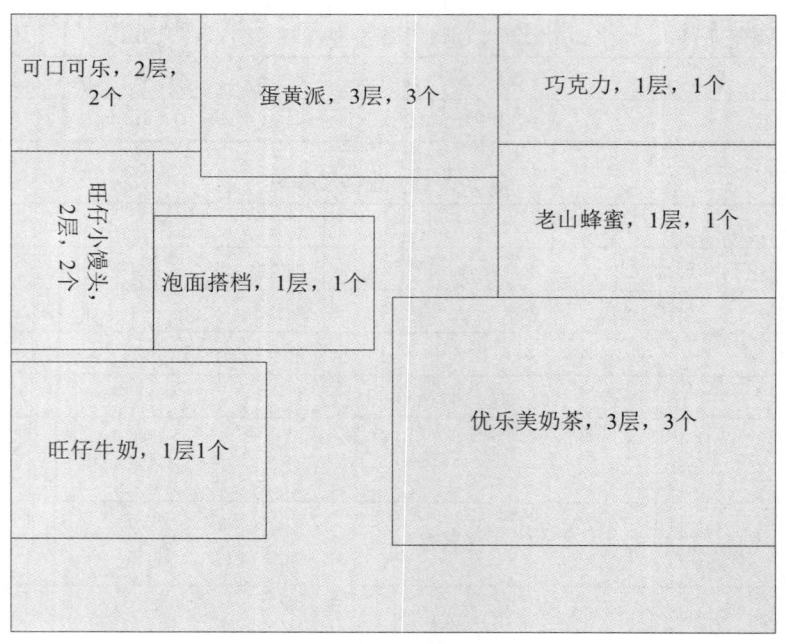

图 2-3-6　月台码放图

注意：

（1）绘制月台码放图的目的是便于点验货物，以及合理有序地将货物摆放在月台内；

（2）月台货物摆放采取重叠式，一般不超过三层，以免塌货；

（3）任务工作页需要小组将月台的含义、形式、设计注意事项等进行归纳。

四、赛场点兵

（一）比赛内容

分组完成果美店、苏苏店、旺旺店的货物月台码放图。

（二）评价指标

月台码放评价指标见表 2-3-44。

表 2-3-44 月台码放评价指标

考核项目	评分标准	总分值	得分值
1. 方案格式	方案格式和内容不齐全者一个扣 2 分	25	
2. 方案质量	方案整体质量及内容完整性不正确者一个扣 2 分	25	
3. 货物码放	码放货物数量和名称结果不正确者一个扣 2 分	10	
4. 码放图质量	码放图绘制是否美观、合理	15	
5. 团队合作	团队是否有组织、有计划、有协作	25	
总分（100 分）			

任务 6 车辆调度与路线优化

一、任务概述

扫码看视频

车辆调度与路线优化概况见表 2-3-45。

表 2-3-45 车辆调度与路线优化概况

工作目标	会车辆调度和路线优化
工作环境	物流实训室
所需工具	纸、笔
任务描述	依据车辆额定载重量与配送路线选择合理的配送路线
任务资料	车辆参数和路线数据
工作成果	车辆调度和路线优化方案
注意事项	1. 算法选定正确 2. 过程细心、协作

二、工作任务

设配送中心向 7 个客户配送货物，其配送路线网络、配送中心与客户的距离以及客户之间的距离如图 2-3-7 所示，图中括号内的数字表示客户的需求量（单位：t），线路上的数字表示两结点之间的距离（单位：km），现配送中心有 2 台 4t 卡车和 2 台 6t 卡车两种车辆可供使用。试用节约里程法制订最优的配送方案。任务工作页见表 2-3-46。

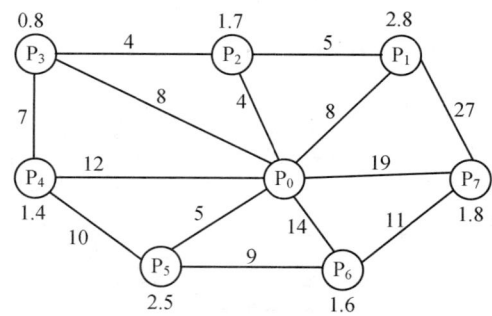

图 2-3-7 配送网络

表 2-3-46 任务工作页

项目			任务	
组别及成员分工	组别		主管	
	信息员		操作员	
填写者姓名			时间	
行动学习阶段				

信息获取/分析	
计划	
决策	
实施/执行	
质量检查	
反思/优化	

三、工作内容

第一：熟悉相关信息。
要求：（1）学生分组，3人一组；
　　　（2）熟悉节约里程法。
第二：分析工作任务。
要求：（1）教师下发任务单；
　　　（2）讨论任务并制定工作计划。
第三：绘制里程表和节约里程表。
第四：老师点评总结。
具体实施步骤：

（1）计算各个点之间的相互最短距离。节约里程法计算步骤1见表2-3-47。

表2-3-47　节约里程法计算步骤1

P0							
8	P1						
4	5	P2					
8	9	4	P3				
12	16	11	7	P4			
5	13	9	13	10	P5		
14	22	18	22	19	9	P6	
19	27	23	27	30	20	11	P7

（2）计算各个点之间的相互节约行程。

节约里程法计算步骤2见表2-3-48。

表2-3-48　节约里程法计算步骤2

P0							
8	P1						
4	5（7）	P2					
8	9（7）	4（8）	P3				
12	16（4）	11（5）	7（13）	P4			
5	13（0）	9（0）	13（0）	10（7）	P5		
14	22（0）	18（0）	22（0）	19（7）	9（10）	P6	
19	27（0）	23（0）	27（0）	30（1）	20（4）	11（22）	P7

（3）对节约行程进行由大到小的排序。节约里程法计算步骤3见表2-3-49。

表 2-3-49　节约里程法计算步骤 3

序号	路线	节约里程/km	序号	路线	节约里程/km
1	P_6P_7	22	7	P_4P_5	7
2	P_3P_4	13	8	P_1P_2	7
3	P_5P_6	10	9	P_2P_4	5
4	P_2P_3	8	10	P_1P_4	4
5	P_1P_3	7	11	P_5P_7	4
6	P_4P_6	7	12	P_4P_7	1

（4）配送路线选择。依据车辆的载重量 4t 和 6t，计算需求量，可以得到 P_0-P_2-P_3-P_4-P_0 的需求总量为 3.9t，派一辆 4t 车。P_0-P_5-P_6-P_7-P_0 的需求总量为 5.9t，派一辆 6t 的车辆。P_0-P_1 的需求总量为 2.8t，派一辆 4t 车辆。配送路线选择结果如图 2-3-8 所示。

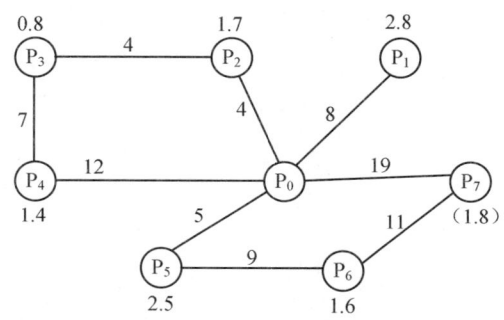

图 2-3-8　配送路线选择结果

注意：

（1）车辆路线一般是顺时针或逆时针的方向，因为涉及车辆配装的顺序，即先到的客户后装，后到的客户先装。

（2）每辆车优化前后路线节约里程即除配送中心外的其他连接点间的优化距离之和。如 P_0-P_2-P_3-P_4-P_0 这条路线的优化的距离为 $P_2P_3+P_3P_4=8+13=21km$。

四、赛场点兵

（一）比赛内容

设配送中心向 5 个客户配送货物，其配送路线网络、配送中心与客户的距离以及客户之间的距离如图 2-3-9 所示，图中括号内的数字表示客户的需求量（单位：t），线路上的数字表示两节点之间的距离（单位：km），现配送中心有 3 台 2t 卡车和 2 台 4t 卡车两种车辆可供使用。试用节约里程法制订最优的配送方案。

（二）配送原始图

配送原始图如图 2-3-9 所示。

扫码看视频

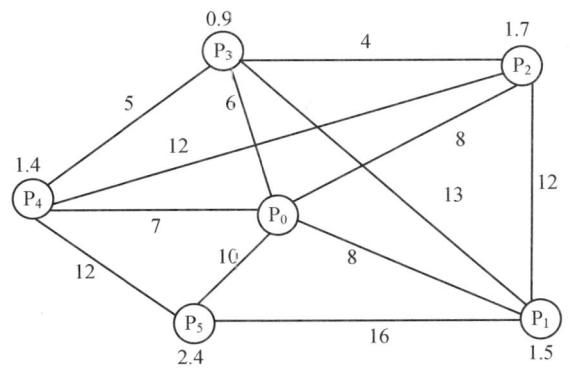

图 2-3-9 配送原始图

（三）里程表

里程表见表 2-3-50。

表 2-3-50 里程表

P0					
8	P1				
8	12	P2			
6	13	4	P3		
7	15	9	5	P4	
10	16	18	16	12	P5

（四）车辆成本

车辆成本见表 2-3-51。

表 2-3-51 车辆成本

车型	固定费用/元	每公里空载油耗/元	每公里满载油耗/元
2t	40	0.2	0.8
4t	80	0.4	1.5

（五）评价指标

节约里程法评价指标见表 2-3-52。

表 2-3-52 节约里程法评价指标

考核项目	评分标准	总分值	得分值
1. 方案格式	方案格式和内容不齐全者一个扣 2 分	10	
2. 方案质量	方案整体质量及内容完整性不正确者一个扣 2 分	25	
3. 节约里程计算	计算过程不正确者一个扣 10 分	30	
4. 路线选择结果	计算结果不正确者一处扣 5 分	15	
5. 团队合作	团队是否有组织、有计划、有协作	20	
总分（100 分）			

任务 7　配装配载方案制作

扫码看视频

一、任务概述

配载配装方案概况见表 2-3-53。

表 2-3-53　配载配装方案概况

工作目标	会配装配载方案制作
工作环境	物流实训室
所需工具	电脑、车辆若干
任务描述	依据车辆容积和载重量以及客户递送顺序安排货物在车辆的装载顺序
任务资料	车辆参数、客户递送顺序、路线递送图和货物参数
工作成果	车辆装载方案
注意事项	1. 计算正确 2. 过程细心、协作 3. 装载前遵守相关的原则 4. 注意安全

二、工作任务

依据货物信息、配送路线和车辆尺寸信息画出车辆配装配载图。任务工作页见表 2-3-54。

表 2-3-54　任务工作页

项目			任务	
组别及成员分工	组别		主管	
	信息员		操作员	
填写者姓名			时间	
行动学习阶段				
信息获取/分析				
计划				
决策				

续表

实施/执行	
质量检查	
反思/优化	

（一）货物信息

货物信息如表 2-3-55 所列。其中美廉美、京客隆和物美均为客户。

表 2-3-55　货物信息

序号	货品名称	尺寸/mm	月台一 美廉美	月台二 京客隆	月台三 物美
1	娃哈哈有机奶	360×240×180	2	2	4
2	康师傅咖啡（大）	370×190×220	1	1	2
3	葵花阳光米	353×235×180	3	4	1
4	可乐年糕	353×235×180	4	2	2
5	达利园岩层矿物质营养液	448×276×180	1		3
6	婴儿睡裤	333×249×180		4	4
7	折板箱	600×400×150	2	2	1

（二）配送路线

配送路线如图 2-3-10 所示[P-E-D-C-P，京客隆（C）、美廉美（D）、物美（E）]。

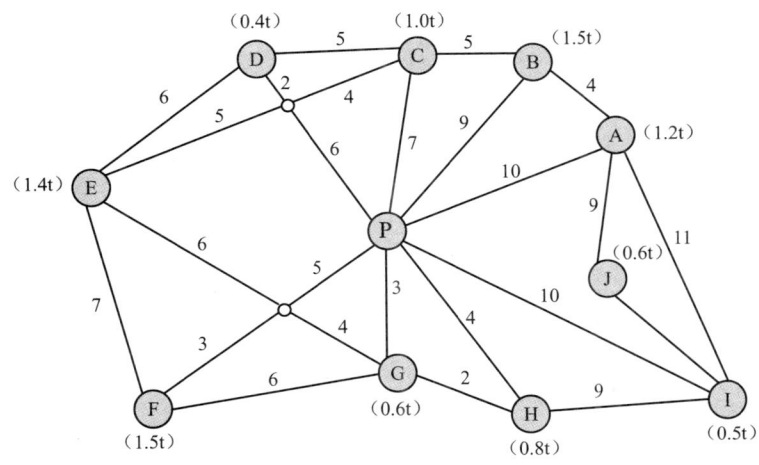

图 2-3-10　配送路线图

（三）车辆尺寸信息

车厢内尺寸：长 1.37m、宽 0.90m、高 0.90m。

三、工作内容

第一：熟悉相关信息。

要求：（1）学生分组，3 人一组；

（2）熟悉货物、配送路线、车辆等信息；

（3）讨论货物装载方式和原则。

第二：分析工作任务。

要求：（1）教师下发任务单；

（2）讨论任务并制订工作计划。

第三：计算货物质量和容积。

第四：绘制货物装载图。

第五：老师点评总结。

具体实施步骤：

（1）计算货物的总质量和总体积。

（2）比较车辆的总体积和额定载重量是否均超过货物的体积和重量。

（3）绘制货物配装配载图。货物装载图如图 2-3-11 所示。

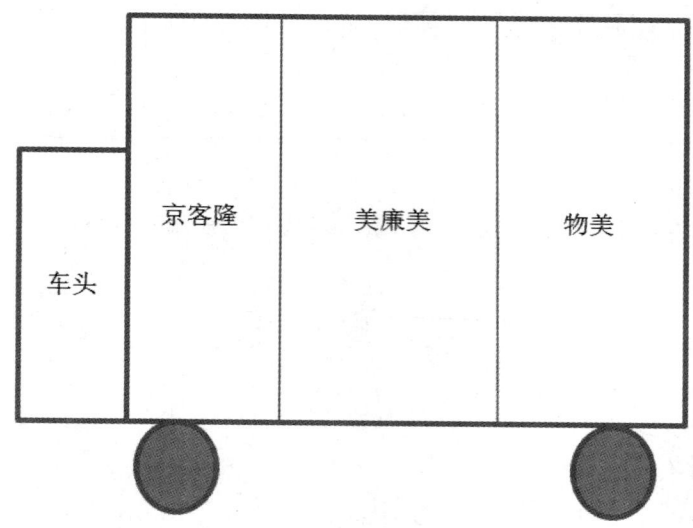

图 2-3-11　货物装载图

配装配载图仅需绘制装载客户的顺序即可。为了保证在比赛中能顺利装载货物，还需要绘制具体的货物积载图，如图 2-3-12 所示。

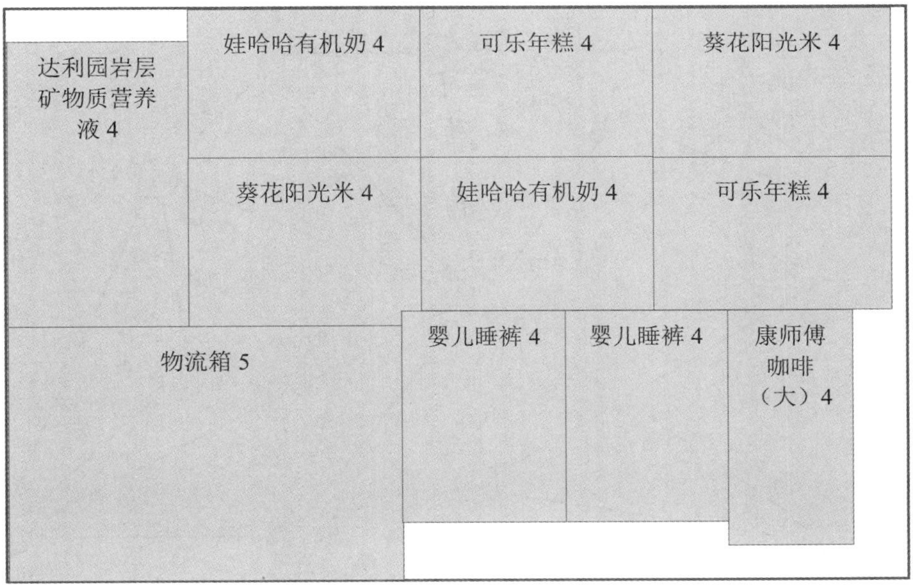

	娃哈哈有机奶 4	可乐年糕 4	葵花阳光米 4
达利园岩层矿物质营养液 4	葵花阳光米 4	娃哈哈有机奶 4	可乐年糕 4
	婴儿睡裤 4	婴儿睡裤 4	康师傅咖啡（大）4
物流箱 5			

图 2-3-12　货物积载图

注意：
（1）具体的货物积载图考虑车辆尺寸合理码放，高度要留约 50mm 余量。
（2）装载时不需要考虑限层。

四、赛场点兵

根据下列信息，完成配装配载方案。

（一）货物信息

货物信息见表 2-3-56。其中热火、骑士和黄蜂均为客户。

表 2-3-56　货物信息

序号	商品名称	尺寸/mm	热火	骑士	黄蜂
1	广合腐乳	586×378×180	5		
2	洽洽焦糖瓜子	353×235×180	2	3	2
3	卫龙拉面小丸子	353×235×180	2		
4	顺心奶嘴	448×276×180		9	
5	百利沙拉酱	353×235×180		2	
6	婴儿湿巾	498×333×180			5
7	达利园手撕面包	353×235×180			1
8	物流折板箱	600×400×150	2	1	1

（二）配送路线

配送路线如图 2-3-13 所示[P-E-D-C-P，热火（C）、骑士（D）、黄蜂（E）]。

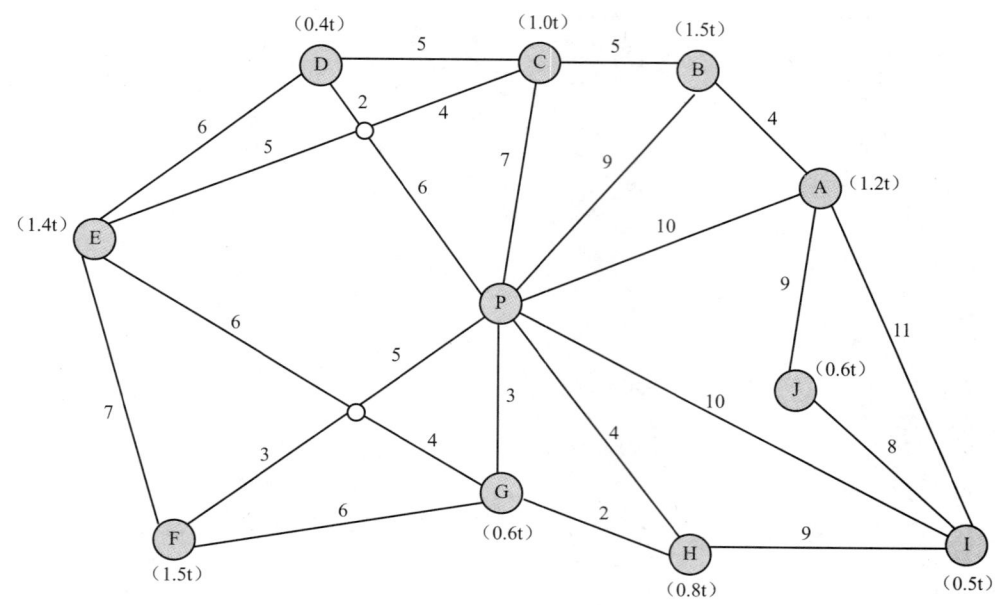

图 2-3-13　配送路线图

（三）车辆尺寸信息

车厢内尺寸：长 1.37m、宽 0.90m、高 0.90m。

（四）评价指标

配载配装评价指标见表 2-3-57。

表 2-3-57　配载配装评价指标

考核项目	评分标准	总分值	得分值
1. 方案格式	方案格式和内容不齐全者一个扣 2 分	15	
2. 方案质量	方案整体质量及内容完整性不正确者一个扣 2 分	20	
3. 货物质量体积计算	计算过程和结果不正确者一处扣 2 分	15	
4. 车辆选择	计算和分析结果不正确者一处扣 2 分	15	
5. 装载图绘制	绘制装载图结果不正确者一处扣 2 分	15	
6. 团队合作	团队是否有组织、有计划、有协作	20	
总分（100 分）			

附件：本任务相关学习资源

1. 教材

[1] 中国物流行业岗位规范指导丛书编委会. 物流企业仓储作业岗位管理[M]. 北京：中国海关出版社，2008.

[2] 田源，张文杰. 仓储规划与管理[M]. 北京：清华大学出版社，2009.

[3] 王晶. 基于协调优化与区域划分的应急物资储备问题研究[M]. 北京：知识产权出版社，2012.

[4] 凤凰出版社编．仓储拣选设备管理要求（WB/T 1026-2006）[M]．江苏：凤凰出版社，2007．

[5] 王爱霞．商品堆码与理货技术[M]．北京：中国物资出版社，2011．

[6] 叶玲玲．仓库保管实务与实训[M]．北京：北京师范大学出版社，2011．

[7] 郎茂祥．配送车辆优化调度模型与算法[M]．北京：电子工业出版社，2009．

[8] 李军，郭耀煌．物流配送车辆优化调度理论与方法[M]．北京：中国物资出版社，2001．

2．论文

[1] 周晓光，许晓燕．基于优先级表的自动化立体仓库出库作业调度研究[J]．起重运输机械，2006（04）：56-59．

[2] 朱杰，周丽，郭键．分类存储人工拣选随机服务系统效率研究[J]．管理科学学报，2012（02）：59-71．

[3] 解明果．基于EIQ分析法的拣选策略运用[J]．物流科技，2011（02）：74-76．

[4] 吴春涛，谢琴．物流中心拣选作业能力核算分析[J]．郧阳师范高等专科学校学报，2011（03）：64-66．

[5] 车小原，金吕．拆零拣选系列连载-摘果式和播种式的比较[J]．物流技术与应用，2010（08）：112-115．

[6] 张琴，王保升．瓦楞纸箱堆码性能分析[J]．包装工程，2011，32（17）：47-51．

3．国内电子资源

[1] http://wenku.baidu.com/view/66a901a00029bd64783e2c78.html

[2] http://doc.mbalib.com/view/6496186a338b81fcb77b13b868cf4c38.html

[3] http://www.njunite.net/disp.asp?id=763

[4] http://wenku.baidu.com/view/3f326c315a8102d276a22f53.html

[5] http://baike.baidu.com/view/1293584.htm

[6] http://wenku.baidu.com/view/92ac4c3343323968011c9258.html

[7] http://baike.baidu.com/view/1380481.htm

[8] http://wenku.baidu.com/view/6e286d1ca8114431b90dd82e.html

[9] http://wenku.baidu.com/view/f5595f282af90242a895e558.html

4．国外电子资源

[1] http://www.logisticslist.com/logistics-blogs.html

[2] https://cscmp.org/wp/Products/ListCatalog.asp

[3] http://home.ubalt.edu/ntsbarsh/Business-stat/otherapplets/Inventory.htm

[4] http://www.gfdcourier.com/logistics/inventory-control/

[5] http://www.bts.gov/

项目四　仓储综合业务实训

●**项目目标：**

（1）会地牛、叉车的操作；

（2）会入库方案设计与实施；

（3）会出库方案设计与实施；
（4）会储配方案设计与实施。

●**参考课时**：24 课时。

●**教学环境**：物流区仓储厅。

●**使用工具**：

电脑 50 台，卷尺 5 把，塑料托盘 1200mm×1000mm×144mm（15 个），标准货架 2 组，地牛、叉车各 2 辆；纸、笔 10 套，打印机 2 台，条码打印机 2 台，秒表 5 块。

●**相关知识**：

（一）托盘

平托盘结构简单，使用方便，是托盘中使用量最大的一种。箱式托盘防护能力强，可有效防止塌垛、货损，而且装运范围较大，多用于散件或散装物料的集装，也可用于热加工车间集装热料。柱式托盘可以防止托盘上的货物在运输、装卸等过程中发生塌垛。轮式托盘有很强的搬运性。

（二）叉车

平衡重式叉车是叉车中应用最广泛的一种，占叉车总数的 80%以上。前移式叉车具有车身小、重量轻、转弯半径小、机动性好、操作灵活等优点，但行驶速度较低，主要适用于通道较窄的室内仓库作业。

（三）托盘搬运车

托盘搬运车是在小范围内搬运托盘的小型搬运设备，分为动力式和手动式两种，俗名地牛。

（四）货架

托盘货架可拆卸组合，具有安装简易的特点。阁楼式货架可有效增加空间使用率，通常上层存放轻量物品，且搬运须配垂直输送设备。重力式货架上的货物依赖自重完成进库、储存和出库的作业。

任务 1　地牛及叉车实训

一、任务概述

地牛及叉车实训概况见表 2-4-1。

表 2-4-1　地牛及叉车及实训概况

工作目标	地牛及叉车实训
工作环境	物流实训室、企业现场
所需工具	电脑、叉车、地牛、货架、秒表
任务描述	根据一定的规则，完成地牛和叉车实训
任务资料	实施方案
工作成果	实训报告
注意事项	1. 报告格式美观，内容有条理，图表清楚 2. 认真、仔细 3. 遵守企业安全规章和管理制度

二、工作任务

任务工作页见表 2-4-2。

表 2-4-2 任务工作页

项目			任务	
组别及成员分工	组别		主管	
	信息员		操作员	
填写者姓名			时间	
行动学习阶段				
信息获取/分析				
计划				
决策				
实施/执行				
质量检查				
反思/优化				

（一）地牛实训

1．8 字舞

（1）项目内容。将一排整托货物按照示意路线从 A 点出发，走 8 字形依次穿过间距为 1400mm 的货垛，最后回到 A，并把货物放到指定的区域。用时最少的选手即为胜者。

（2）场地示意图。区域 A 大小为 1300mm×1100mm，外框为 9000mm×3000mm。外框可由线绳等工具设置。地牛实训场地示意图 1 如图 2-4-1 所示。

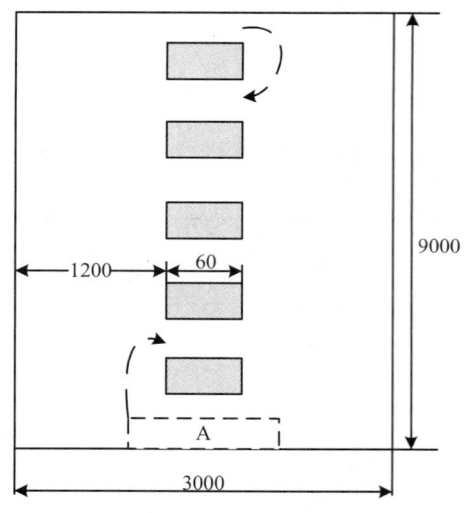

图 2-4-1 地牛实训场地示意图 1

（3）评分方法。地牛实训评价指标 1 见表 2-4-3。

表 2-4-3 地牛实训评价指标 1

序号	评分办法
1	地牛在运作时所叉货箱与地面接触，每次罚 15 秒，若货箱侧翻或跌落，裁判示意停表，由本人将其扶正，比赛继续，罚时 30 秒
2	货箱及地牛任何部位碰到线，每次罚时 15 秒
3	选手在比赛中地牛碰到中间的货物，每次罚时 15 秒
4	地牛操作不规范罚时 10 秒。选手每次地牛中途停止时，未将地牛锁住罚时 10 秒，操作完毕地牛未归位罚时 10 秒
5	托盘货物在 A 处放置在线以内，且前后左右距离均衡，不能用手摆放。线外罚时 20 秒，前后左右距离不均衡各罚时 20 秒
6	现场 5S 管理情况，违规罚时 30 秒
7	所罚时间计入选手比赛用时间，按比赛时间递减排序为比赛成绩

2. 物归其"主"

（1）项目内容。三人一组，每人从 ABC 货架一层各取一排货物放到发货区 D 区域相应的区域处，E 为地牛存放区。货架为 3 层，4 列。货架 B 第 1，2，3 列空。工作完毕地牛归位。用时最少的选手即为胜者。

（2）地牛实训场地示意图 2 如图 2-4-2 所示。

（3）地牛实训评价指标 2 见表 2-4-4。

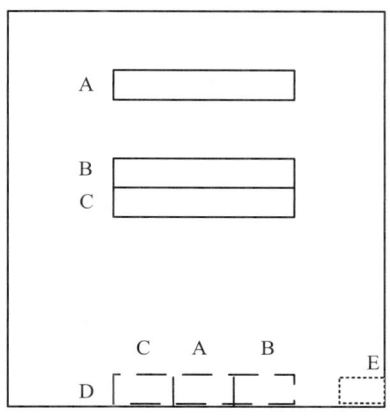

图 2-4-2　地牛实训场地示意图 2

表 2-4-4　地牛实训评价指标 2

序号	评分办法
1	地牛在运作时所叉货箱与地面接触，每次罚 15 秒，若货箱侧翻或跌落，裁判示意停表，由本人将其扶正，比赛继续，罚时 30 秒
2	货箱及地牛任何部位碰到货架或者其他托盘，每次罚时 15 秒
3	地牛操作不规范罚时 10 秒。选手每次地牛中途停止时，未将地牛锁住罚时 10 秒。操作完毕地牛未归位罚时 10 秒
4	托盘货物在 D 处放置在线以内，且前后左右距离均衡，不能用手摆放。线外罚时 20 秒，前后左右距离不均衡各罚时 20 秒
5	现场 5S 管理情况，违规罚时 30 秒
6	所罚时间计入选手比赛用时间，按比赛时间递减排序为比赛成绩

（二）叉车实训

主要训练叉车搬运货物。

（1）项目内容。选手将驾驶叉车从 C 点出发沿 U 路线，将托盘货架上有塑料箱的托盘存储位置的第一和第二层互换，计算总的时间，然后将叉车停放到初始位置。其中 A 货架的第一、二层的货物分别选择不相邻的 2 个，B 货架第一、二层的货物选择分别不少于 2 个。小组成员最后累计时间。

（2）叉车实训场地如图 2-4-3 所示。

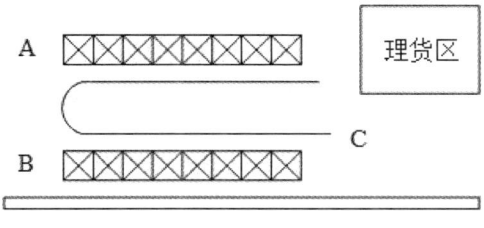

图 2-4-3　叉车实训场地

（3）货架货物存储信息如图 2-4-4 所示。

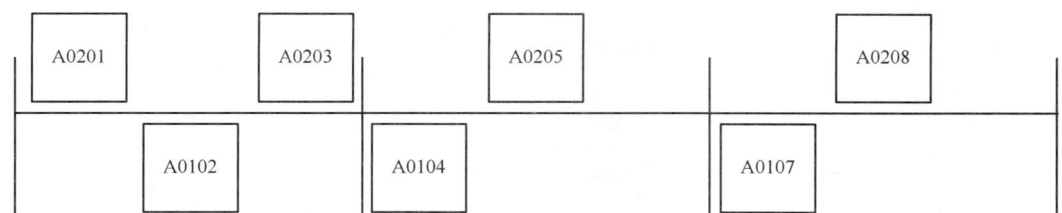

（a）A 货架

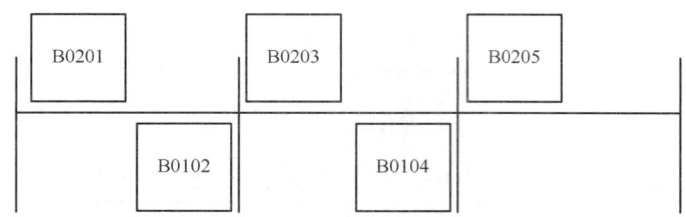

（b）B 货架

图 2-4-4　货架货物存储信息

（4）叉车实训评分表见表 2-4-5。

表 2-4-5　叉车实训评分表

序号	评判规则
1	叉车在行驶中，每出边界线一次，罚时 10 秒
2	选手操作中托盘上的塑料箱落地，选手下车将托盘上的塑料箱恢复原样，上车继续比赛，裁判不停表
3	操作过程中出现货物跌落一次，罚时 30 秒；或者叉车与货架相撞一次罚时 100 秒
4	选手必须按指定路线行驶，若不按指定路线行驶，罚时 20 秒，由裁判员示意后，按指定路线行驶，裁判不停表
5	上车时未系安全带罚时 10 秒。启车未鸣笛罚时 10 秒。货叉距地面不足 20～30 厘米罚时 10 秒。倒车时未目视后方罚时 10 秒。每次下车时未拉手刹罚时 10 秒，下车时货叉未平放地面罚时 10 秒。车入库时车尾出线或叉尖出线罚时 10 秒
6	现场 5S 管理情况，违规罚时 30 秒
7	所罚时间计入选手比赛用时间，按比赛时间递减排序为比赛成绩

三、工作内容

第一：熟悉相关信息。

要求：（1）学生分组，3 人一组；

　　　（2）熟悉设备、现场布局等信息。

第二：分析工作任务。

要求：（1）教师下发任务单；

（2）讨论任务并制订工作计划。

第三：实施计划。

要求：（1）遵守设备安全操作规程；

　　　（2）按照方案执行；

　　　（3）小组协同完成。

第四：老师点评总结。

任务2　入库实训

一、任务概述

入库实训基本情况见表2-4-6。

表2-4-6　入库实训基本情况

工作目标	熟练使用物流设备，熟悉组托和入库业务
工作环境	物流实训室、企业现场
所需工具	电脑、叉车、地牛、货架、秒表
任务描述	根据实际的货物和托盘，按照不同的要求，以最少的时间把组托货物放到指定的位置
资料及资源	实施方案
工作成果	实训报告和结果
注意事项	1. 严格按照岗位操作规程和安全要求操作 2. 认真、仔细、协同

二、工作任务

任务工作页见表2-4-7。

表2-4-7　任务工作页

项目			任务	
组别及成员分工	组别		主管	
	信息员		操作员	
填写者姓名			时间	
行动学习阶段				
信息获取/分析				
计划				

续表

决策	
实施/执行	
质量检查	
反思/优化	

（一）项目内容

今有 A 类货物吉欧蒂亚干红葡萄酒（460mm×260mm×230mm）15 箱，B 类货物可口可乐（297mm×220mm×284mm）28 箱，码放在托盘（1000mm×1200mm×144mm）上，限高 4 层，使用地牛和叉车将货物送到货位 01010103 和 01030202 上，货物 MC-CA783RJ81 吸尘器（510mm×355mm×320mm）16 箱就地堆码。

首先请现场设计方案，合理选择设备使用数量和路线，要求时间最少，作业成本最优。

（二）货架与场地布局示意图

1. 货架初始状态

货架初始状态如图 2-4-5 所示。

A

y		y	Y

B

y			
y	y		y

C

y			
y		y	y
y			y

图 2-4-5　货架初始信息

从左至右编码，y 代表有货物。

2. 场地布局图

场地布局图如图 2-4-6 所示。

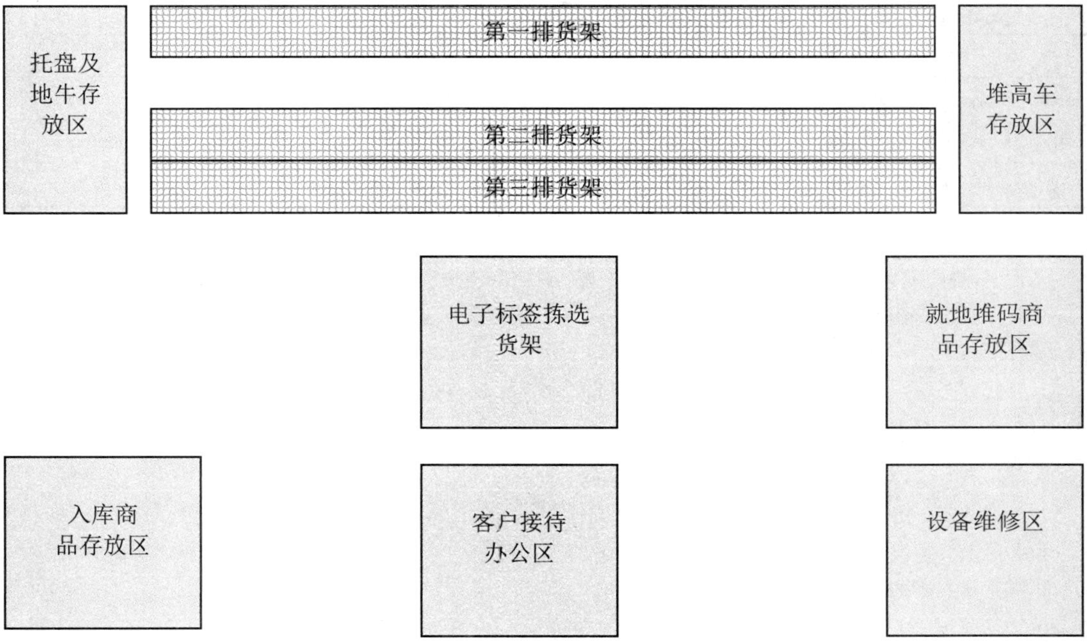

```
┌────────┐  ┌──────────────────────────────────┐  ┌────────┐
│托盘及  │  │          第一排货架              │  │堆高车  │
│地牛存  │  ├──────────────────────────────────┤  │存放区  │
│放区    │  │          第二排货架              │  │        │
│        │  ├──────────────────────────────────┤  │        │
│        │  │          第三排货架              │  │        │
└────────┘  └──────────────────────────────────┘  └────────┘

            ┌──────────┐                    ┌──────────┐
            │电子标签拣选│                  │就地堆码商│
            │   货架   │                    │品存放区  │
            └──────────┘                    └──────────┘

┌──────────┐  ┌──────────┐                  ┌──────────┐
│入库商    │  │客户接待  │                  │设备维修区│
│品存放区  │  │办公区    │                  │          │
└──────────┘  └──────────┘                  └──────────┘
```

图 2-4-6　场地现场布局

3. 设施设备参数

设施设备参数见表 2-4-8。

表 2-4-8　设施设备参数

木制托盘	1200mm×1000mm×144mm
货架	4 组，3 层，3 排，2×2 货位（标准货位）货位参考尺寸：2300mm×900mm×1080mm
叉车	电瓶叉车，荷载能力 1600kg，提升高度 4m（含驾驶员）
地牛	额定负载 2.5t，最大高度 200mm

（三）评分方法

入库实训评价表见表 2-4-9。

表 2-4-9　入库实训评价表

序号	评判规则
1	单据填写正确、规范，违规一处罚时 10 秒
2	严格按照方案设计执行，违规一处罚时 10 秒
3	设备安全操作出现违规，每次罚时 20 秒
4	货物组托和就地码放出现错误，每次罚时 10 秒
5	托盘、叉车、地牛设备租用，每个计时 10 秒

续表

序号	评判规则
6	货物入库位置有误,每托盘货物罚时 10 秒
7	出现货物损坏事故者,每件货物罚时 50 秒
8	出现人员安全事故者,罚时 200 秒,并终止比赛
9	现场 5S 管理情况,违规罚时 30 秒
10	所罚时间计入选手比赛用时间,按比赛时间递减排序为比赛成绩

三、工作内容

第一:熟悉相关信息。
要求:(1)学生分组,3 人一组;
(2)熟悉货物、设备、现场布局等信息。
第二:分析工作任务。
要求:(1)教师下发任务单;
(2)讨论任务、分工并制订工作计划。
第三:方案设计
要求:(1)按照分工要求去执行;
(2)方案设计要考虑成本最优原则;
(3)把方案实施中需要的表格数据打印出来。
第四:实施方案。
要求:(1)注意安全第一,遵守操作规程;
(2)以时间作为最后的考核标准。
第四:老师点评总结。

任务 3 出库实训

一、任务概述

出库实训概况见表 2-4-10。

表 2-4-10 出库实训概况

工作目标	熟练使用物流设备,熟悉拣选和出库业务
工作环境	物流实训室、企业现场
所需工具	电脑、叉车、地牛、货架、秒表
任务描述	根据实际的订单,以最少的时间把组托货物码放到月台指定的位置
任务资料	实施方案
工作成果	实训报告和结果
注意事项	1. 严格按照岗位操作规程和安全要求操作 2. 认真、仔细、协同 3. 遵守企业安全规章和管理制度

二、工作任务

任务工作页见表 2-4-11。

表 2-4-11 任务工作页

项目			任务	
组别及成员分工	组别		主管	
	信息员		操作员	
填写者姓名			时间	
行动学习阶段				
信息获取/分析				
计划				
决策				
实施/执行				
质量检查				
反思/优化				

（一）项目内容

根据库存数量、出库订单、货物存储图和设备设施参数制订出库订单的拣选计划，并将拣选出的货物堆码在月台上，同时画出月台码放图和车辆配载图。

1. 库存数量

库存数量和规格信息见表 2-4-12。

表 2-4-12 库存数量和规格信息

名称	单位	库存数量	纸箱规格/mm
康师傅苏打夹心饼干香草巧克力味	箱	82	400×240×200
统一老坛酸菜方便面	箱	32	600×400×220
统一 100 方便面葱爆牛肉味	箱	22	500×400×220

续表

名称	单位	库存数量	纸箱规格/mm
康师傅矿物质水 550mL	箱	43	400×240×200
农夫山泉 550mL	箱	43	400×240×200
拖把	箱	73	600×300×200
洗发水	箱	56	400×240×200
拉芳洗发水	箱	66	400×240×200
美的电风扇	箱	30	600×400×220
九阳料理机	箱	21	500×400×220

2. 出库订单

出库订单信息见表 2-4-13。

表 2-4-13 出库订单信息

出库单 1

名称	单位	出库数量
康师傅苏打夹心饼干香草巧克力味	箱	20
统一老坛酸菜方便面	箱	10
统一 100 方便面葱爆牛肉味	箱	6
康师傅矿物质水 550mL	箱	20
农夫山泉 550mL	箱	13
拖把	箱	30
洗发水	箱	23
拉芳洗发水	箱	30
美的电风扇	箱	27
九阳料理机	箱	18

出库单 2

名称	单位	出库数量
康师傅苏打夹心饼干香草巧克力味	箱	50
统一老坛酸菜方便面	箱	22
统一 100 方便面葱爆牛肉味	箱	15
康师傅矿物质水 550mL	箱	20
农夫山泉 550mL	箱	20
拖把	箱	40
洗发水	箱	10
拉芳洗发水	箱	5
美的电风扇	箱	0
九阳料理机	箱	0

3. 货物存储图

货物存储图如图 2-4-7 所示。

（a）A 货架

（b）B 货架

图 2-4-7 货物存储图

4. 设备及设施参数

设备及设施参数见表 2-4-14。

表 2-4-14 设备及设施参数

名称	规格
托盘	1200mm×1000mm×144mm
货架	2 层，2 排，2×2 货位（标准货位）货位参考尺寸：2300mm×900mm×1230mm
叉车	电瓶叉车，荷载能力 1600kg，提升高度 4m（含驾驶员）
地牛	OLT A101 额定负载 2.5t，最大高度 200mm
月台	3600mm×1000mm

（二）场地布局

出库实训场地布局如图 2-4-8 所示。

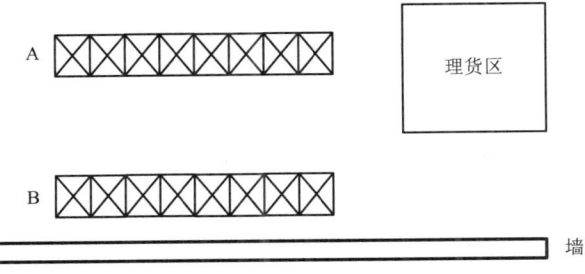

图 2-4-8 出库实训场地布局

（三）评价规则

出库实训评价表见表 2-4-15。

表 2-4-15　出库实训评价表

序号	评判规则
1	严格按照作业计划作业，违反者每次罚时 20 秒
2	货物月台码放出现错误，每品类罚时 20 秒
3	托盘、叉车、地牛设备租用，每个计时 10 秒
4	出库商品品类、数量出现错误每品类罚时 50 秒
5	出现货物损坏事故者，每件货物罚时 50 秒
6	出现人员安全事故者，罚时 200 秒，并终止比赛
7	现场 5S 管理情况，违规罚时 30 秒
8	所罚时间计入选手比赛用时间，按比赛时间递减排序为比赛成绩

三、工作内容

第一：熟悉相关信息。

要求：（1）学生分组，3 人一组；
　　　（2）熟悉货物、设备、现场布局、货架等信息。

第二：分析工作任务。

要求：（1）教师下发任务单；
　　　（2）讨论任务、分工并制订工作计划。

第三：方案设计。

要求：（1）按照分工要求去执行；
　　　（2）方案设计要考虑成本最优原则；
　　　（3）把方案实施中需要的表格数据打印出来。

第四：实施方案。

要求：（1）注意安全第一，遵守操作规程；
　　　（2）以时间作为最后的考核标准。

第五：老师点评总结。

任务 4　综合业务实训

一、任务概述

综合业务实训概况见表 2-4-16。

表 2-4-16　综合业务实训概况

工作目标	熟练使用物流设备安全操作，办理入库业务、出库业务和车辆配载，优化路线
工作环境	物流实训室、企业现场
所需工具	电脑、叉车、地牛、货架、秒表等
任务描述	根据实际的信息，依照最低成本进行货物入库和出库操作，并将货物放到月台，进行配载
任务资料	实施方案
工作成果	实训报告和结果
注意事项	1．严格按照岗位操作规程和安全要求操作 2．认真、仔细、协同 3．格式美观，内容有条理，图表清楚

二、工作任务

任务工作页见表 2-4-17。

表 2-4-17　任务工作页

项目			任务	
组别及成员分工	组别		主管	
	信息员		操作员	
填写者姓名			时间	
行动学习阶段				
信息获取/分析				
计划				
决策				
实施/执行				
质量检查				
反思/优化				

（一）项目内容

（1）仓储设施。北京顺鑫物流公司有 2 万多平方米常温仓库，2 层，库前有长 80 多米、宽 4 米的带雨棚月台，月台前有长 70 多米，宽 30 米的车辆停靠作业区，库房高度约 18 米。17 个自动升降门。地面为环氧树脂地面，每平方米承重 2.5 吨以上。7 层货架，有储位 1 万多个，库房分为多个区域。第 2 层为拆零区域。库房配备有其他安全消防设施。库房现场平面图如图 2-4-9 所示。

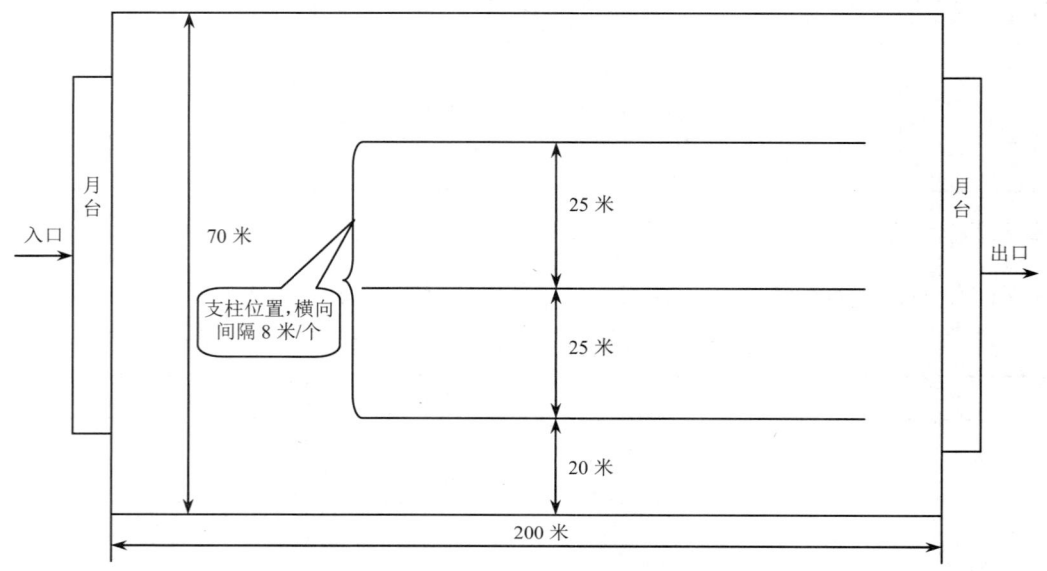

图 2-4-9　库房现场平面图

（2）装卸设施。有多台不同类型的叉车。

（3）配送设备。自有营运车辆 10 台，3 吨车 6 辆，5 吨车 4 辆。二级承运商 7 个。营运节点 10 个。配送设备参数见表 2-4-18。

表 2-4-18　配送设备参数

吨位/t	规格/m	实际装箱容积/m³	实际载重/t
3	4.2×1.8×1.8	13	2
5	7×2×2	22	3.8

（4）服务对象：某便利店。

（5）产品。货物信息表见表 2-4-19。

表 2-4-19　货物信息表

序号	货品名称	重量/kg	尺寸/cm
1	毛绒玩具	2	58×63×25
2	力士牌浴液	6	26.3×15.5×23
3	脉动	20	38×23×22
4	燕京啤酒	30	41×27×12

续表

序号	货品名称	重量/kg	尺寸/cm
5	雪碧	50	36×23×25
6	娃哈哈营养快线	20	34.9×21.2×21.1
7	娃哈哈八宝粥	50	27.7×20.7×12.9
8	王老吉	30	40.5×27.2×12.2
9	红牛	30	40.2×26.6×9.8
10	牛栏山二锅头	25	27×28×22
11	伊利经典牛奶	30	28.5×26×12
12	康师傅香辣牛肉面	20	40×20×27
13	鲁花油	50	35×31×31
14	葵花阳光米	10	40×31×22
15	麻辣海带丝	15	38.5×30×18
16	康师傅妙芙蛋糕	15	46.5×33.5×15.5
17	富丽饼干	10	30×21×20
18	好丽友蛋黄派	10	25×27×32.5
19	太阳锅巴	10	54×34×41
20	3+2饼干	20	35.6×18.5×20.5
21	双汇火腿肠	30	26.8×20×13
22	绿箭口香糖	15	33.5×17×17
23	高露洁牙刷	25	42.5×19×25.7
24	舒洁迷你纸巾	18	40×28×33
25	舒肤佳沐浴露	25	29.3×17.3×22.2
26	云南白药	25	31×30×20.5

（6）历史出库数据。出库数据见表2-4-20。

表2-4-20 出库数据

序号	货品名称	出库量/箱
1	毛绒玩具	50
2	力士牌浴液	50
3	脉动	20
4	燕京啤酒	409
5	雪碧	109
6	娃哈哈营养快线	37
7	娃哈哈八宝粥	62
8	王老吉	1335
9	红牛	32

续表

序号	货品名称	出库量/箱
10	牛栏山二锅头	131
11	伊利经典牛奶	106
12	康师傅香辣牛肉面	476
13	鲁花油	193
14	葵花阳光米	56
15	麻辣海带丝	61
16	康师傅妙芙蛋糕	69
17	富丽饼干	63
18	好丽友蛋黄派	280
19	太阳锅巴	61
20	3+2饼干	20
21	双汇火腿肠	45
22	绿箭口香糖	63
23	高露洁牙刷	590
24	舒洁迷你纸巾	64
25	舒肤佳沐浴露	299
26	云南白药	85

（7）出/入库通知单模板。出/入库通知单见表2-4-21。

表2-4-21　出/入库通知单

×××公司					目的地：
出库时间：			出库地点：		
提货联系人：			送货地点：		
箱数/件数：			备注：		
名称	规格		箱数	瓶数	备注
舒肤佳沐浴露	150mL		25		
				提货单编号	
员工签名：			时间：		
主管签名：			时间：		

(8) 库存数量。库存数量见表2-4-22。

表2-4-22 库存数量

序号	货品名称	重量/kg	库存
1	毛绒玩具	2	10
2	力士牌浴液	6	18
3	伊利经典牛奶	30	66
4	康师傅妙芙蛋糕	15	30
5	富丽饼干	10	44
6	好丽友蛋黄派	10	60
7	高露洁牙刷	25	52

(9) 出库订单。出库订单数据见表2-4-23。

表2-4-23 出库订单数据

订单A	订单B	订单C	订单D	订单E	订单F	订单G	订单H	订单I	订单J
2	0	2	5	1	2	10	0	0	0
0	0	21	6	1	2	0	2	5	0
22	0	1	0	32	0	15	5	5	0
11	2	3	10	0	0	40	5	2	0
0	4	0	2	3	20	0	0	1	11
0	11	0	20	0	0	0	17	5	3
14	20	10	1	5	0	4	0	2	10

每3人为一组，一名为仓储主管，另外2人在不同作业环节分别扮演下列角色：客服人员、收货员/理货员、叉车工、仓管员、分拣员、调度员。

客户以邮件、电话、传真形式下达入库通知单到物流仓储实训中心客服部，客服人员与客户确认到货信息。

客服人员根据客户入库通知单设计一个纸质入库单，一份三联交给仓管员。

仓管员根据货品特性进行储位规划设计，按照储位规划原则设置合理区域存放货品。

货物到达后，理货员根据客服人员交给的入库单，进行验货清点与码盘（每托盘28箱）叉车工根据储位规划设计方案，将散件货品装上货架。

客户以邮件、电话、传真等形式下达出库通知单到物流仓储实训中心客服部。客服员与客户确认送货信息。

客服人员根据客户出库通知单设计一个纸质出库单，一份三联交给仓管员。

叉车工根据纸质出库单在货架区进行拣货下架。由叉车工送至出库缓存区。

理货员对出库货物进行加固包装，并由仓管员核对数量在出库单上签字确认，出库单一份由仓管留存、两份交给司机（送货员）确认，送货完成时由客户在两份出库单签字，其中一份客户留存，另一份司机带回交给财务。

公司的业务流程如图 2-4-10 所示。

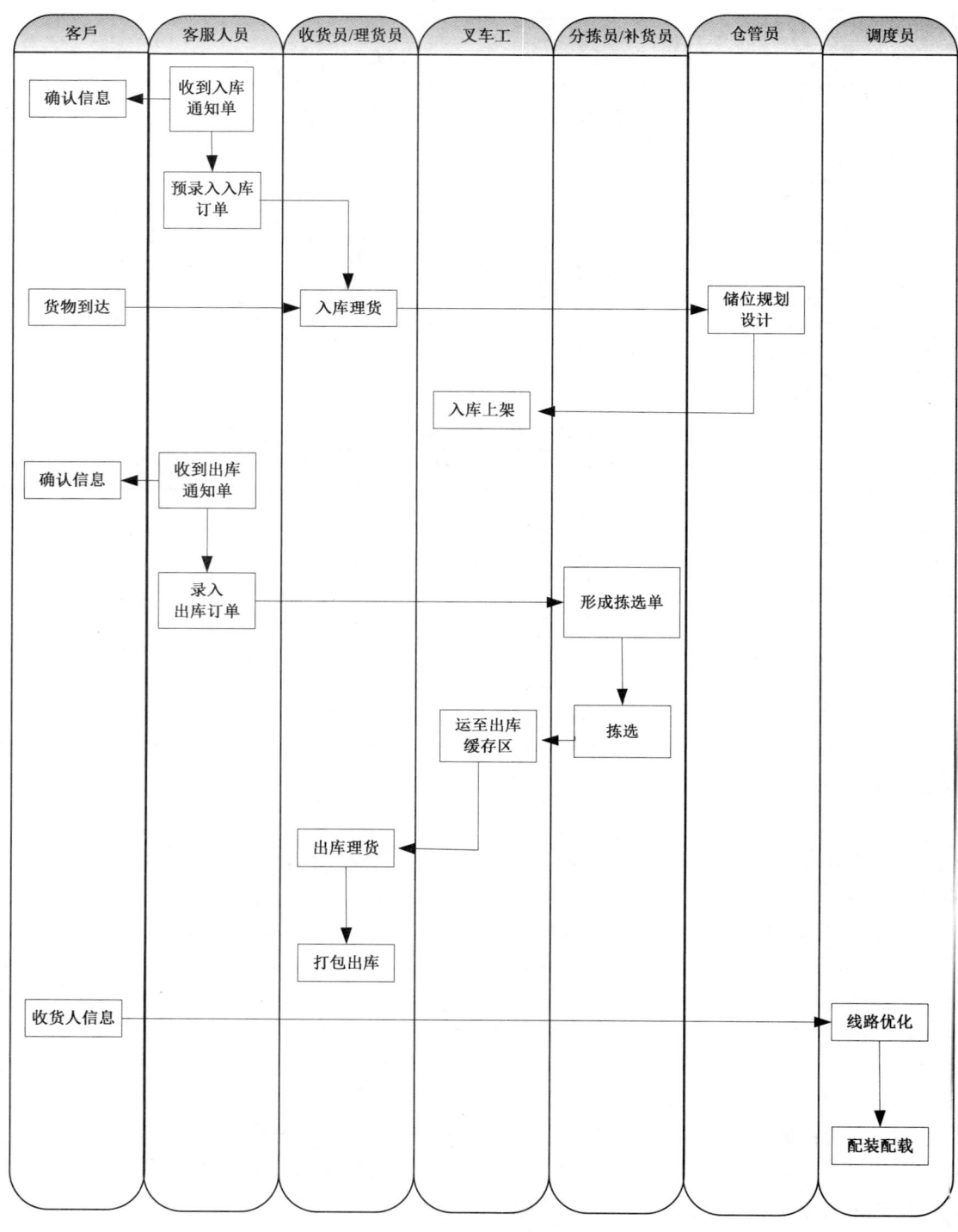

图 2-4-10 公司的业务流程

根据以上业务流程，请进行以下操作。

1. 储

（1）解读库内布局；

（2）根据入库通知单设计入库单据，并填写完整；

（3）依据商品进行储位入库方案规划设计，绘制货位存储图，并依据现有条件将商品ABC分类，然后放到货架和托盘上，并绘制码放托盘奇偶层的码放形式；

（4）根据给定的材料，设计出理货员和调度员的岗位评价指标。

2. 配

（1）根据出库通知单设计出库单据，并生成拣选单据，最后填写完整；

（2）根据不同收货人分配图（图2-4-11），进行线路优化设计。

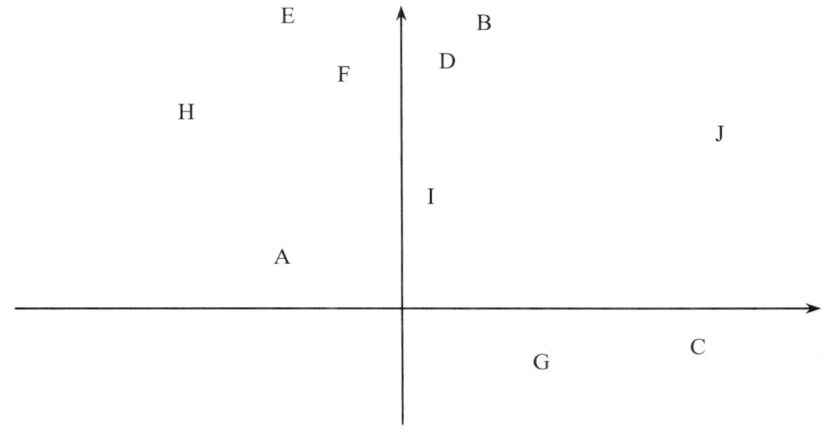

图2-4-11 收货人分配图

配送中心到各店铺及各店铺间的距离见表2-4-24，单位km，对角线的数字表示配送中心到各店铺距离。

表2-4-24 里程数据

需求量 顺鑫	A	B	C	D	E	F	G	H	I	J
A	30	13.3	14.5	10.5	9.5	6.5	12	6.6	6.8	15.5
B		16.6	13.6	3	7.2	6.8	17.4	11.1	7.5	13.5
C			24	11.8	17.3	13.6	7	18.5	10	1.5
D				19.3	6.5	4.3	14.5	9.5	4.5	11.7
E					23	4.2	18.4	4.4	7.4	17.6
F						23.6	14.3	5.5	3.3	14
G							31	17.6	11	7.9
H								27.5	8.3	18.9
I									23.8	10.4
J										23

（3）选择合适的车辆配载，画出月台码放图和车辆装载图。

（二）场地布局图

场地布局图如图 2-4-12 所示。

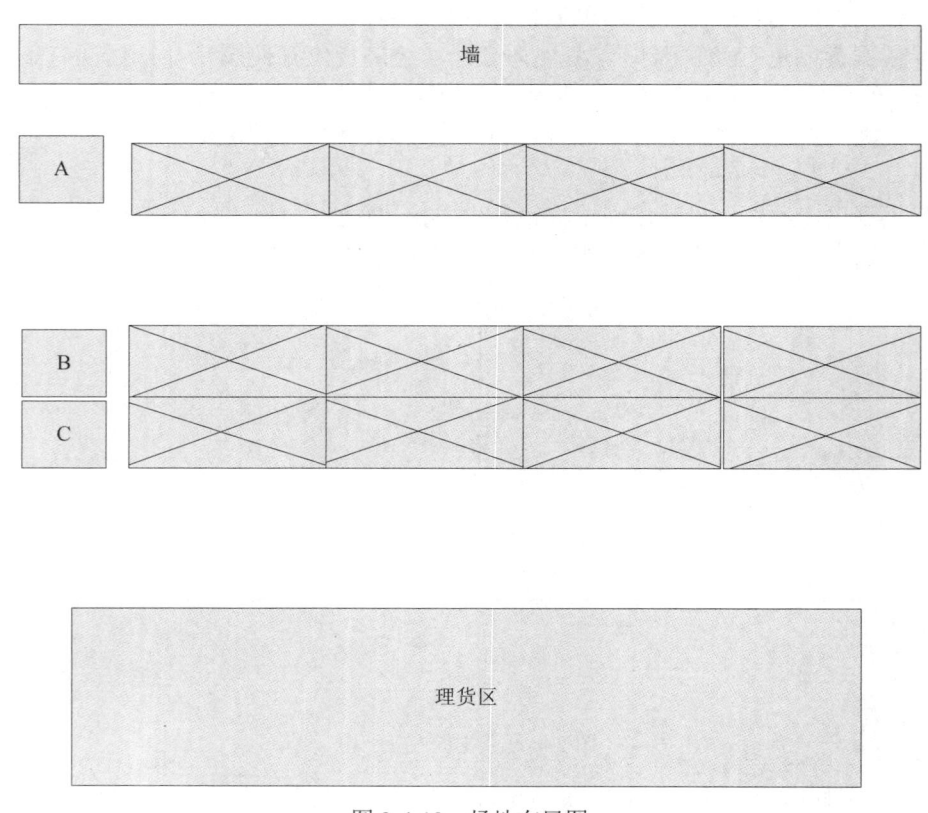

图 2-4-12　场地布局图

（三）设施设备尺寸与规格

设施设备尺寸与规格见表 2-4-25。

表 2-4-25　设施设备尺寸与规格

名称	规格
木制托盘	1200mm×1000mm×144mm
货架	3 排 2 列 4 层，2×2 货位（标准货位）
叉车	电瓶叉车租用（含驾驶员）
地牛	载重 1.5 吨
RF 手持终端	MC3090R-LC2MSBAGER
打印机	激光打印机
计算机	标配，包含中诺斯比赛系统
卷尺	3～5m

（四）评分规则

1. 托盘码放

托盘码放评分表见表 2-4-26。

表 2-4-26　托盘码放评分表

考核项目	评分标准	总分值	得分
码放合理	出现大小轻重颠倒的扣 10 分，货物倒置的扣 10 分	20	
稳定美观	码放不稳定的扣 10 分，不美观的扣 5 分，货物倾斜的扣 5 分	20	
数量、种类、层数准确	码放数量不正确扣 5 分，种类混杂扣 5 分，层数码错扣 10 分	20	
码放方式	与设计方案不相符的扣 20 分	20	
团队合作	团队是否有组织、有计划、有协作	20	
总分（100 分）			
权重/%	20	此项最后得分	

2. 货区布局解读评价标准

货区布局解读评分表见表 2-4-27。

表 2-4-27　货区布局解读评分表

考核项目	评分标准	总分值	得分值
1. 设备识读	现场设备名称和功能解读不正确者一个扣 5 分	25	
2. 五距识读	五距识读不正确者一个扣 5 分	25	
3. 货区划分	货区区域划分解读不正确者一个扣 5 分	30	
4. 团队合作	团队是否有组织、有计划、有协作	20	
总分（100 分）			
权重/%	25	此项最后得分	

3. 配送设计与实施评价标准

配送设计与实施评分表见表 2-4-28。

表 2-4-28　配送设计与实施评分表

考核项目	评分标准	总分值	得分值
1. 货物存储	按照设计入库，不符者扣 5 分，货物存储位置不对者扣 5 分	10	
2. 拣选货物	按照方案拣选，不符者扣 5 分，拣选数量种类错误者扣 10 分	15	
3. 货物出库	按照方案出库，不符者扣 5 分，有效订单错误者扣 10 分	15	
4. 月台码放	月台货物码放不合理扣 5 分，货物码放不整齐扣 5 分	10	
5. 路径设计	路径优化方案不合理扣 15 分	15	
6. 车辆配载	车辆配载不合理扣 15 分	15	
7. 团队合作	团队是否有组织、有计划、有协作	20	
总分（100 分）			
权重/%	25	此项最后得分	

4. 单据设计评分

单据设计评分表见表2-4-29。

表2-4-29　单据设计评分表

考核项目	评分标准	总分值	得分值
1. 入库单	内容设计或填写不完整或不正确一项扣5分	20	
2. 验收单	内容设计或填写不完整或不正确一项扣5分	20	
3. 拣选单	内容设计或填写不完整或不正确一项扣5分	20	
4. 复核单	内容设计或填写不完整或不正确一项扣5分	20	
5. 送货单	内容设计或填写不完整或不正确一项扣5分	20	
总分（100分）			
权重/%	15	此项最后得分	

5. 岗位关键绩效指标设计评分标准

岗位职责设计评分表见表2-4-30。

表2-4-30　岗位职责设计评分表

考核项目	评分标准	总分值	得分值
1. 理货员	结合业务，指标设计全面合理的满分，根据合理性得分以3分递减	50	
2. 调度员	结合业务，指标设计全面合理的满分，根据合理性得分以3分递减	50	
总分（100分）			
权重/%	15	此项最后得分	

三、工作内容

第一：熟悉相关信息。

要求：（1）学生分组，3人一组；

（2）熟悉货物、设备、现场、货架、材料等信息。

第二：分析工作任务。

要求：（1）教师下发任务单；

（2）讨论任务、分工并制订工作计划。

第三：方案设计。

要求：（1）成员按照分工要求完成各自的工作；

（2）方案设计要考虑成本最优原则；

（3）把方案实施中需要的表格数据打印出来。

第四：实施方案。

要求：（1）注意安全第一，遵守操作规程；

（2）以时间作为最后的考核标准；

（3）小组要协作，以及与叉车司机的配合。

第五：老师点评总结。

附本任务相关学习资源

1．教材

[1] 教育部高等学校物流类专业教学指导委员会．第一届全国大学生物流设计大赛获奖作品集：安得物流解决方案——优化与集成[M]．北京：中国财富出版社，2007．

[2] 教育部高等学校物流类专业教学指导委员会组编．第一届全国大学生物流设计大赛获奖作品集：安得物流解决方案——分析与设计[M]．北京：中国财富出版社，2007．

[3] 教育部高等学校物流类专业教学指导委员会组编．第一届全国大学生物流设计大赛获奖作品集:安得物流解决方案——规划与战略[M]．北京：中国财富出版社，2007．

[4] 殷延海．物流运营方案设计与分析实践教程[M]．北京：清华大学出版社，2012．

2．论文

[1] 肖怀云．探索大学生物流设计大赛在物流实践教学中的应用[J]．物流科技，2011（1）：30-32．

[2] 袁旦．技能大赛对中职校教学改革影响的探讨——以江苏省无锡汽车工程中等专业学校参加物流类技能大赛为例[J]．物流工程与管理，2012（02）：120-121．

[3] 董瑞．从物流设计大赛看我国物流教育的不均衡[J]．河南科技学院学报，2012（10）：60-63．

3．国内电子资源

[1] www.clpp.org.cn

[2] http://www.nvsc.com.cn/

[3] http://www.cettic.gov.cn

4．国外电子资源

[1] http://www.worldskills.org/

附件1 部分参考答案

项目二、入库作业方案设计

任务1 物动量计算

1．物动量计算见表1

表1 物动量计算

序号	商品名称	商品规格	上月销售量/箱	百分比/%	累计占比/%	累计品种	累计品种占比/%	分类结果
1	吸尘器	MC-CA291YJ81	9300	24.25	24.25	1	2.50	A
2	康师傅香辣牛肉面	盒装	6002	15.65	39.90	2	5.00	A
3	燕京啤酒	瓶装	4500	11.73	51.63	3	7.50	A
4	吸尘器	MC-UL282SJ81	2220	5.79	57.42	4	10.00	B

续表

序号	商品名称	商品规格	上月销售量/箱	百分比/%	累计占比/%	累计品种	累计品种占比/%	分类结果
5	吸尘器	MC-CA781DJ81	1908	4.98	62.40	5	12.50	B
6	吸尘器	MC-CA293RJ81	1860	4.85	67.25	6	15.00	B
7	台灯	SQC945L（蓝）	1400	3.65	70.90	7	17.50	B
8	舒洁迷你纸巾	袋装	1002	2.61	73.51	8	20.00	B
9	雪碧	瓶装	1001	2.61	76.12	9	22.50	B
10	娃哈哈八宝粥	瓶装	1000	2.61	78.73	10	25.00	C
11	娃哈哈营养快线	瓶装	800	2.09	80.81	11	27.50	C
12	电吹风	EH5247-P405	600	1.56	82.38	12	30.00	C
13	吸尘器	MC-CA783RJ81	504	1.31	83.69	13	32.50	C
14	脉动	瓶装	500	1.30	85.00	14	35.00	C
15	电吹风	EH5246-W405	410	1.07	86.07	15	37.50	C
16	王老吉	瓶装	409	1.07	87.13	16	40.00	C
17	剃须刀	ES-RL40-S405	404	1.05	88.19	17	42.50	C
18	伊利经典牛奶	瓶装	403	1.05	89.24	18	45.00	C
19	康师傅妙芙蛋糕	袋装	402	1.05	90.28	19	47.50	C
20	双汇火腿肠	个装	400	1.04	91.33	20	50.00	C
21	电吹风	EH-NE32-P405	399	1.04	92.37	21	52.50	C
22	麻辣海带丝	袋装	303	0.79	93.16	22	55.00	C
23	好丽友蛋黄派	袋装	302	0.79	93.95	23	57.50	C
24	电熨斗	NI-S130TS（红）	300	0.78	94.73	24	60.00	C
25	高露洁牙刷	盒装	300	0.78	95.51	25	62.50	C
26	台灯	SQC916L（蓝）	280	0.73	96.24	26	65.00	C
27	牛栏山二锅头	瓶装	230	0.60	96.84	27	67.50	C
28	毛绒玩具	袋装	203	0.53	97.37	28	70.00	C
29	3+2 饼干	袋装	202	0.53	97.90	29	72.50	C
30	力士牌浴液	瓶装	196	0.51	98.41	30	75.00	C
31	红牛	瓶装	130	0.34	98.75	31	77.50	C
32	葵花阳光米	袋装	105	0.27	99.02	32	80.00	C
33	富丽饼干	袋装	104	0.27	99.29	33	82.50	C
34	太阳锅巴	袋装	100	0.26	99.55	34	85.00	C
35	绿箭口香糖	包装	50	0.13	99.68	35	87.50	C
36	云南白药	瓶装	45	0.12	99.80	36	90.00	C
37	鲁花油	瓶装	40	0.10	99.90	37	92.50	C
38	吸尘器	MC-DL563AJ81	19	0.05	99.95	38	95.00	C

续表

序号	商品名称	商品规格	上月销售量/箱	百分比/%	累计占比/%	累计品种	累计品种占比/%	分类结果
39	剃须刀	ES4853-W405	10	0.03	99.98	39	97.50	C
40	吸尘器	MC-CA781GJ81	8	0.02	100.00	40	100.00	C
	总计		38351	100.00				

2. 填空题

A 类物资	共 173 种	品种数占 5.06%	总消耗金额 5590 万元	消耗资金占比 66.63%
B 类物资	共 475 种	品种数占 13.88%	总消耗金额 1720 万元	消耗资金占比 20.50%
C 类物资	共 2773 种	品种数占 81.06%	总消耗金额 1080 万元	消耗资金占比 12.87%

任务 2　制定货物组托示意图

2. 组托设计结果见表 2。

表 2　组托设计结果

序号	物品名称	码放层数	一层码放数量	托盘数量
1	达利园岩层矿物质营养液	3	9	1-9.9.7
2	葵花阳光米	2	13	2-13.6/13.6
3	娃哈哈有机水	3	16	2-16.16.16/7
4	娃哈哈有机奶	3	13	2-13.13.13/2
5	康佳蛋白粉	3	7	2-7.7.7/7.7.3
6	农夫金酒	3	14	1-14.14.10
7	康师傅咖啡（大）	3	15	1-15.15.13
8	婴儿纸尿裤	3	10	2-10.10.10/5
9	开心饼干	3	17	1-17.17.6
10	美心蜂蜜	3	15	2-15.15.15/15.9
11	怡然话梅糖	3	10	2-10.10.10/10
12	顺心奶嘴	2	11	1-11.9
13	婴儿湿巾	3	9	2-9.9.9/3
14	可乐年糕	3	13	3-13.13.13/13.13.13/2
15	顺心奶瓶	3	18	2-18.18.17/7
16	婴儿睡裤	3	14	2-14.14.14/8
17	婴儿纸尿裤	3	16	2-16.16.16/16.16

任务 4　就地堆码存储区规划

1. 一共要用 60 平方米码货，每平方米每层 10 箱。
2. 仓库上部二分之一货物堆码存储情况如图 1 所示。

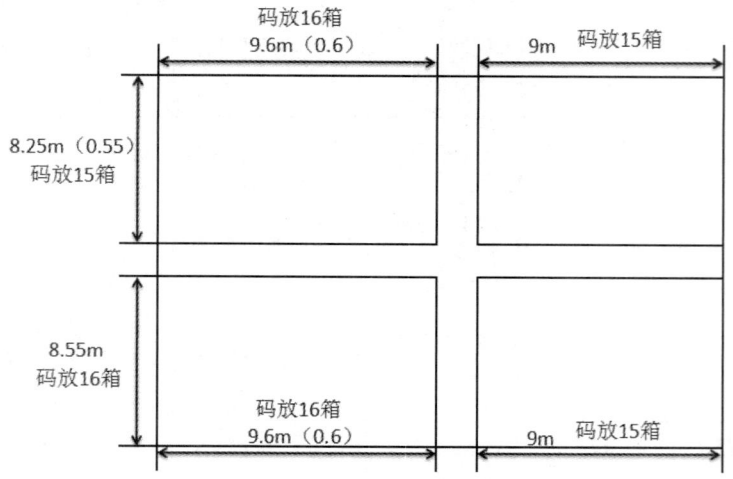

图 1 货物堆码存储情况

一层码放箱数=15×16+15×15+16×16+15×16=961（箱）

仓库上部分总计：2×96×16=11532（箱）

总共 11532×2=23064（箱）

所以该仓库最多可以存放 23064 箱。

项目三、出库作业方案设计

任务 1 客户优先权分析

客户优先权分析见表 3。

表 3 客户优先权分析

序号	客户名称	公司性质	忠诚度	满意度	客户类型	客户级别	总和	排名
1	B	0.4	0.5	0.5	0.3	0.5	2.2	1
2	E	0.4	0.5	0.5	0.2	0.5	2.1	2
3	C	0.1	0.5	0.3	0.4	0.5	1.8	3
4	G	0.1	0.3	0.5	0.4	0.3	1.6	4
5	D	0.4	0.2	0.3	0.1	0.3	1.3	5
6	A	0.1	0.2	0.5	0.1	0.3	1.2	6
7	H	0.3	0.2	0.2	0.1	0.3	1.1	7
8	F	0.2	0.2	0.2	0.1	0.3	1	8
9	I	0.2	0.2	0.2	0.1	0.3	1	9
10	J	0.1	0.2	0.3	0.1	0.2	0.9	10

根据加权平均法，对上述客户各要素进行赋值求和，对总和进行排名，排名结果为 B>E>C>G>D>A>H>F>I>J。

任务 2 订单有效性

订单有效性分析见表 4。

表4 订单有效性分析

序号	客户名称	信用额度	应收账款/万元	订单金额/万元	打折力度	折后订单金额/万元	累计应收账款/万元	百分比/%
1	B公司	11	9.95	0.175	0.85	0.149	10.099	91.81
2	E公司	200	199.80	0.185	0.85	0.157	199.96	99.98
3	F公司	15	13.00	0.135	0.90	0.122	13.122	87.48
4	C公司	150	142.00	0.155	0.85	0.132	142.132	94.75
5	D公司	5	4.50	0.280	0.8	0.224	4.724	94.48
6	A公司	9	8.85	0.190	0.85	0.162	9.012	100.13
主管签字			01A		签字日期		2018.11.2	

C公司临时倒闭,订单无效;D公司订单信息有误(兰陵王酒单价记为50元/箱,实为100元每箱),其订单视为无效订单;A公司累计应收账款超过信用额度,其订单视为无效订单;B公司是伙伴型,信用额度可上浮1%,上浮后信用额度由10万元变为11万元,其累计应收账款因此不超出信用额度,订单有效。

任务3 库存分配计划

库存分配计划表见表5。

表5 库存分配计划表

序号	商品名称	单位	B	E	F	总需求量	入库量	已有库存	总库存	库存结余
1	可口发糕	箱	4	6	6	16		14	14	-2
2	梦洋奶粉	箱	6	3	3	12		22	22	10
3	兰陵王酒	箱	5			5	32		32	27
4	婴儿尿不湿	箱		3		3		10	10	7
5	大嫂什锦果味罐头	箱						18	18	18

问题订单处理见表6。

表6 问题订单处理

序号	商品名称	单位	出现问题	处理方式
1	可口发糕	箱	库存不够,缺两箱	F先送4箱,补货,延期配送2箱
主管签字	01A	签字日期	2018.11.2	

任务4 拣选作业计划

1. 拣选作业计划见表7。

表7 拣选作业计划

序号	商品名称	已有库存	华丰店	果美店	苏苏店	旺旺店	订单总需求	去除无效订单数量	剩余库存
1	可口可乐	66	20	12	18	22	72	50	16
2	巧克力	47	15	9	0	13	37	24	23
3	蛋黄派	54	16	15	20	16	67	51	3
4	老山蜂蜜	35	9	10	6	0	25	25	10
5	旺仔小馒头	26	6	0	0	0	6	6	20
6	优乐美奶茶	12	3	0	0	0	3	3	9
7	旺仔牛奶	39	8	13	12	12	45	33	6
8	大豆油	18	0	7	8	6	21	15	3
9	乐事薯片	10	0	0	0	3	3	0	10
10	旺旺仙贝	11	0	0	0	12	12	0	11
11	双汇Q趣	40	0	0	0	4	4	0	40
12	康师傅每日C	25	0	5	0	0	5	5	20
13	泡面搭档	30	6	0	7	5	18	13	17
14	康师傅冰红茶（大）	20	0	0	4	0	4	4	16
15	碎果冰	19	0	0	8	0	8	8	11
16	娃哈哈纯净水	16	0	0	0	6	6	0	16

首先排除无效订单旺旺店，然后按照摘果式拣货方式。其中商品序号为1，3，4，7的商品由于出库数量较大，可以考虑播种式拣选。具体的拣选过程略去。

任务6 节约里程法

1．节约里程法计算

P0					
8	P1				
8	12（4）	P2			
6	13（1）	4（10）	P3		
7	15（0）	9（6）	5（8）	P4	
0	16（2）	18（0）	16（0）	12（5）	P5

节约里程排序见表8。

表 8　节约里程排序

序号	路线	节约里程	序号	路线	节约里程
1	P2P3	10	6	P1P5	2
2	P3P4	8	7	P1P3	1
3	P2P4	6	8	P2P5	0
4	P4P5	5	9	P3P5	0
5	P1P2	4	10	P1P4	0

路线选择结果如图 2 所示。

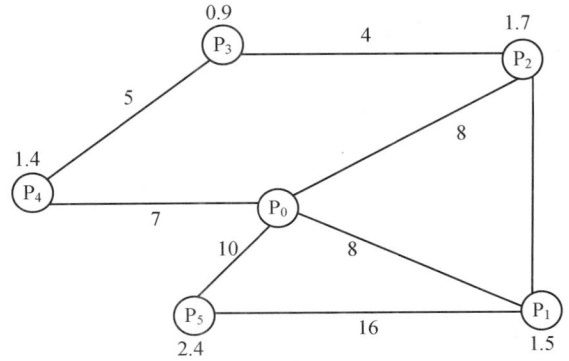

图 2　配送路线选择结果

任务 7　配载配装

货物装载图如图 3 所示。

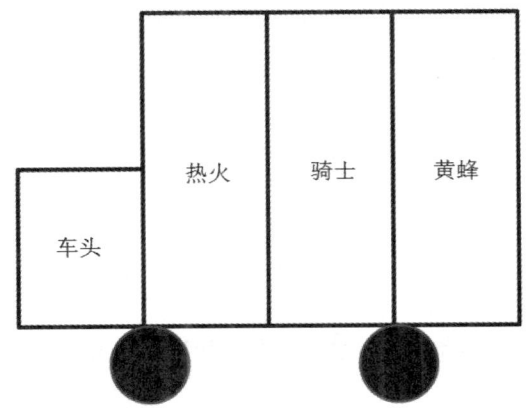

图 3　货物装载图

货物积载图如图 4 所示。

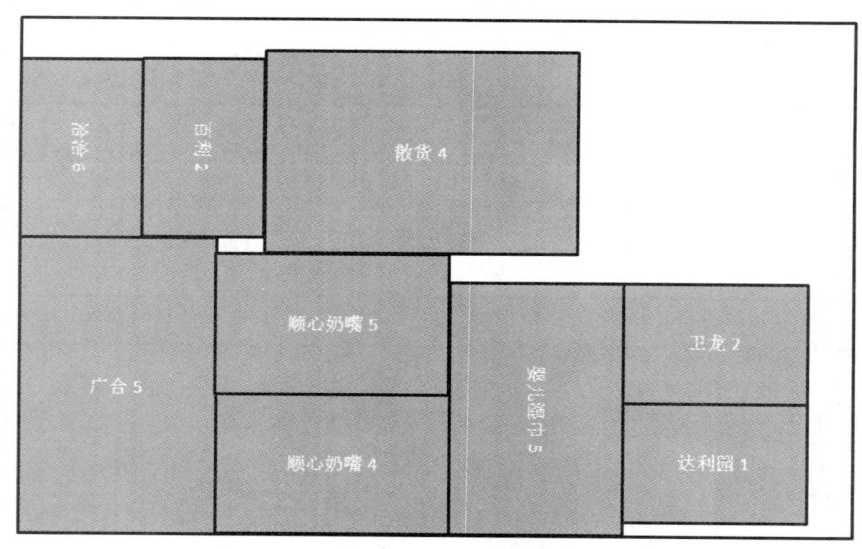

图 4　货物积载图

附件 2　现代物流——储配方案的设计与执行简介

2019 年全国职业技能大赛已经落下帷幕，经过几年的发展，该大赛已经成为全国的品牌大赛项目，展示了我国职业教育改革的成果，树立了职业教育的国家形象，推动了职业教育学校与企业的深入合作，对引领我国职业教育的改革发展有很大的促进作用。下面就 2019 年全国职业技能大赛项目之现代物流——储配方案的设计与执行来介绍此项目的基本情况。

（一）项目目的

本项目目的是为适应国家物流业调整与振兴对高素质技能型物流人才的需求，以物流业的核心环节——储配作业为背景安排竞赛，引导相应高职专业明确物流人才的培养定位与规格，引导物流管理专业的教育教学改革；展示参赛选手在组织管理、专业团队协作、现场问题的分析与处理、工作效率、质量与成本控制、安全及文明生产等方面的职业素养；吸引企业参与，促进校企深度融合，提高高职教育的社会认可度。

（二）项目内容

竞赛由物流职业知识测评（简称"知识测评"）、智慧物流作业方案设计赛段（简称"方案设计"）、智慧物流作业方案实施赛段（简称"方案实施"）三部分组成。

其中：设计和实施两个赛段的内容，存在逻辑关系，设计的数据与实施的设施设备、工具、操作系统相互嵌套。参赛队通过方案实施环节可对设计方案进行自我验证和自我调整。知识测评全面考核选手的职业知识，知识测评的题目主要源于国家、行业有关物流领域的现行标准，考核准物流人是否了解、熟悉国家、行业标准，以及应用标准的判断能力。

竞赛进行的时间顺序是首先进行方案设计；其次进行知识测评，最后进行方案实施。具体比赛内容见表 1。

表 1　竞赛具体比赛内容

序号	赛段	竞赛时长
1	方案设计	210 分钟
2	知识测评	30 分钟
3	方案实施	60 分钟

1. 制订储配方案

选手分工并做好工作准备；根据所获取的企业储存、配货、场地、货物、货架、托盘、叉车、月台、客户、工时资料、各种租赁、货位占用费、外包咨询服务费、安全要求等相关信息，进行分析处理；进行货位优化及制订货物入库方案；进行订单处理及生成拣选单；撰写外包委托书；编制可实施的储配作业计划；预测出实施方案可能出现的问题和应对方案。各参赛队制订储配方案阶段递交的成果为电子文件和纸质文件，并以打印的纸质文件为准，由赛场统一提供提取数据的工具。

2. 物流职业知识测评（满分 100 分，占总分 10%）

此赛段为知识考核赛段。

主要包括：
◇ 物流领域各类术语
◇ 物流领域设备管理要求
◇ 物流领域劳动安全管理要求
◇ 物流领域生产安全管理要求
◇ 物流领域服务质量要求
◇ 物流领域从业人员职业资质
◇ 物流领域作业规范
◇ 物流领域防尘防毒技术规范
◇ 物流领域管理规范
◇ 物流领域包装（物、材料）、衬垫（物、材料）规范
◇ 物流园区分类与基本要求
◇ 物流中心作业通用规范
◇ 物流成本构成与计算
◇ 常用各类危险品标志
◇ 物流基本常识

全面评价一个团队对物流职业能力的理解和认识。

3. 实施储配方案

选手根据上述储配方案的设计结果，在竞赛场地实施方案。选手选择最佳时机并根据作业任务需求向租赁中心租赁托盘、叉车、地牛等设备和工具；执行入库作业计划；执行出库作业计划。选手在实施过程中要体现物流企业所需要的基本操作技能、服务质量与安全意识。选手在实施方案的过程中，可修改方案，也可外包。修改方案和外包均将按预定的比例增加成本。以操作规范程度、方案是否可行、方案实施效率、成本核算、服务质量、安全意识等要素为依据，计算综合成本并以此为评价标准。以裁判记录和填写的各参赛队实施储配方案过程的成本

核算表作为竞赛成果。

此项目的指标体系见表 2。

表 2 指标体系

一级指标	二级指标	三级指标	三级指标说明
制订智慧物流作业方案	工作准备	1. 封面	题目：智慧物流作业方案设计与实施 参赛队名称：本队抽签序号，如 01 选手：胸牌号码如 01A、01B、01C、01D
		2. 队员分工	智慧物流作业方案执行时的分工，01A 为主管（队长）
	运输作业计划	*3. 运输车辆调度	根据采购计划，填写运单，选取合适的车型、吨位、线路并派车
	入库作业计划	4. 物动量 ABC 分类表	能够体现出分类过程和分类结果
		5. 收货检验	编制收货检验单
		6. 编制托盘条码	编制托盘条码并打印。码制：CODE39、8 位、无校验码
		7. 制定货物组托示意图	包括奇数层俯视图、偶数层俯视图
		8. 上架存储货位图绘制	以托盘式货架的排为单位，将货位存储情况反映在存储示意图上，在相应货位上标注货物名称
		*9. 就地堆码存储区规划	按照收到的入库通知单上的货物信息完成存储所需货位数量或堆存所需占地面积及规划的货垛长、宽、高（箱数）
	出库作业计划	10. 订单有效性分析	参赛队收到客户订单后，应对订单的有效性进行判断，对确定的无效订单予以锁定，陈述理由，主管签字并标注日期
		11. 客户优先权分析	当多个客户针对某一货物的要货量大于该货物库存量时，应对客户进行优先等级划分以确定各自的分配量，并阐明理由
		12. 库存分配计划表	依据客户订单和划分后的客户优先等级顺序制定库存分配计划表，将相关库存依次在不同的客户间进行分配并显示库存余额
		13. 拣选作业计划	拣选作业计划设计要规范、项目齐全，拣选作业流畅；拣选单的设计应能减少拣选次数、优化拣选路径、缩短拣选时间，注重效率
		*14. 补货计划	根据客户需求，做出拆零分拣区补货计划
		15. 月台分配示意图	将月台在客户间进行分配，便于月台集货
		16. 车辆调度与路线优化	根据所给数据利用节约法，完成车辆调度方案和路线优化设计
		17. 配装配载方案	根据配送线路优化结果，绘制配送车辆积载图，以体现配送的先后顺序（按客户绘制，不显示货物品种）
	外包准备	18. 外包委托书	各参赛队都要撰写外包委托书，要求格式规范，内容齐全，主要包括委托事项、受托人、委托人、委托时间等，但要留存空白项，以便发生委托时填写。在各参赛队在进行货物入库、拣选、出库、货物配装等作业的过程中，遇到不能独立解决的问题时，可委托外包给本队的指导教师协助解决，此时要填写委托书交与裁判备案，无需委托时则不需填写

续表

一级指标	二级指标	三级指标	三级指标说明
	编制计划	19. 作业进度计划	按照时间先后顺序将每位参赛队员在方案执行过程中的工作内容编制成作业进度计划（甘特图），包括设备租赁情况及可能出现的问题预案
		20. 预算表	包括作业过程可能发生的各种费用项目及相应的预算金额，以便与实际发生的费用比较，满足预算编制信息的内容
实施智慧物流作业方案	租赁	1. 租赁作业	选择最佳时机及作业任务需求向租赁中心租赁移动拣选车、托盘、叉车、地牛、手推车等
	执行入库作业计划	2. 入库准备工作	粘贴托盘条码，整理作业现场
		3. 验货、组托	验收无误后，按照堆码要求，将散置堆放的货物科学、合理地码放在托盘上
		4. 启动 WMS	完成货物信息录入
		5. 入库	完成货物入库操作并操作堆高车进行上架作业
	执行拣选作业计划	6. 拣选作业	根据客户订单及拣选作业计划进行拣选作业及拆零货的再包装
		7. 出库	完成各客户所要货物的出货复核、月台点检、理货
	实施配装配载方案	8. 货物配装	选择合适的车型（微缩模拟）完成货物的配装（车型不同成本不同）
	送达服务	9. 货物送达	只进行配送排序第一位的客户（按调整后的路线顺序）货物卸货交接
说明	表中带 * 号三级指标项在实施过程中不执行		

（三）项目要求

1. 项目规则

赛场提供所需的量具和数据库，供选手进行实际的测量和查询。比赛时由 4 人组成团队参加，并分工选出 1 人为主管，其余 3 人为理货员（保管员）。主管对方案的设计、修订、客户优先等级、外包与否等负主要责任，并安排其余 3 人工作。

在方案设计阶段，要根据客户需求，编制货位、物料、设施设备、工具、人工等使用计划，并进行成本核算和时间安排。成本核算精确到分，时间安排精确到秒，结果保留整数。还要预测出实施方案时可能出现的问题并做出应对方案。

在执行方案时，选手应严格按照计划执行，不得擅自修改计划，修改计划应由主管提出并实施。修改方案时，4 名选手应停止作业，工作时间连续计算。主管修改方案后，实施方案仍有困难，可由主管提出外包，外包给本队指导教师继续修改至可行。方案修改时 4 名选手停止作业，工作时间连续计算。项目设计若外包后，方案实施仍有困难，无法正常作业，由主管提出申请退出比赛，经裁判长同意后终止比赛，按预定的比例增加成本。另外，执行方案中出现不文明和不安全、操作不规范、质量问题、人浮于事、分工协作不合理等现象，均按比例增加成本和费用。

2. 设备设施场地参数

在方案设计过程中，需要用到的如托盘、货架和场地大小等数据见表 3。

表3 竞赛的主要设施设备清单

序号	设备名称	规格	数量	备注
1	基站	（EnGenius）EAP-3660	1	
2	服务器	标配	2	
3	电脑	标配	5	
4	交换机	标配	2	
5	条码打印机	Datamaxm4206	6	
6	条码耗材	条码打印纸	1	
7	木制托盘	1200mm×1000mm×144mm	300	
8	货架	4组，3层，3排，2×2货位（标准货位）货位参考尺寸：2300mm×900mm×1230mm	5	
9	叉车	电瓶叉车，荷载能力1600kg，提升高度4m（含驾驶员）	6	每队只能租赁1台；按使用次数计费，每台5元/次
10	地牛	OLT A101 额定负载2.5t，最大高度200mm	6	每队可租赁2台，按时间计费，计费标准每台0.4元/分钟
11	RF手持终端	C5000W	6	
12	打印机	激光打印机	8	
13	计算机	标配	50	
14	月台	3600mm×1000mm	16	
15	卷尺	3～5m	50	
16	纸箱	各种规格	5000	
17	货物	多品种	若干	

赛区设施布局示意图如图1所示。

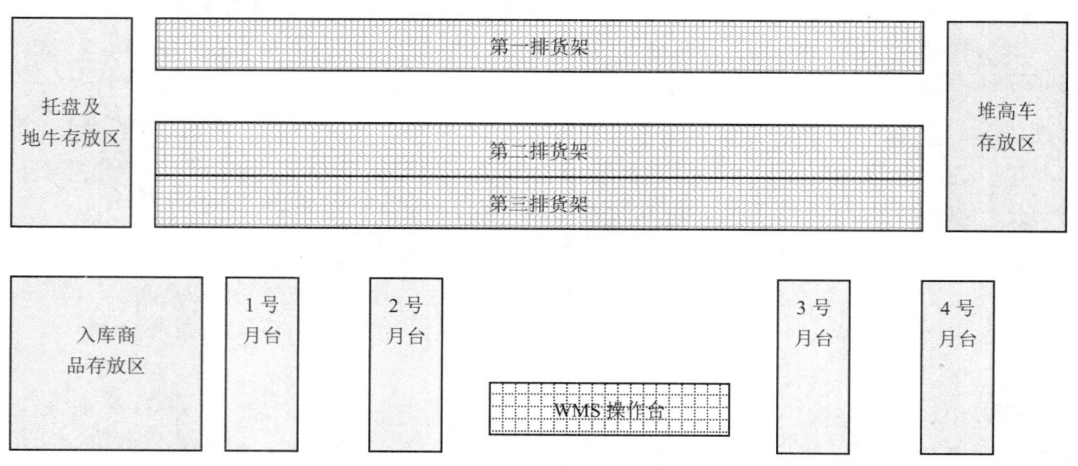

图1 赛区设施布局示意图

(四) 评分标准

1. 评分依据

（1）方案设计赛段：各参赛队制订储配方案赛段递交的成果为电子文件和纸质文件，并以打印的纸质文件为准,由赛场统一提供提取数据的工具。

(2) 物流职业知识测评:测评系统自动计分。

(3) 方案实施赛段:裁判记录和填写的各参赛队实施方案过程的成本核算表。

只计团体竞赛成绩,不计参赛选手个人成绩。竞赛成绩分三部分计算,满分100分。其中:

物流职业知识测评部分占10%;

智慧物流作业方案设计部分占30%;

智慧物流作业方案实施部分占60%。

物流职业知识测评部分由计算机计分,以分数的形式给出;智慧物流作业方案设计部分由裁判计分,以分数的形式给出;实施智慧物流作业部分以执行过程成本与费用核算为依据,以成本与费用作为评定标准,在核定成绩时,成本折合成分数。按分数从高到低排列参赛队的名次,当分数相同时,作业时间短的名次在前。

2. 评分标准

(1) 职业知识测评评分标准。题型为单选题、多选题,单选题为40题,每题1.5分;多选题为20题,每题2分;共计100分。

(2) 智慧物流作业方案评分标准见表4。

表4 智慧物流作业方案评分标准

序号	评价指标	细则	分值	小计
1	工作准备	封面及人员分工	2	4
		文本规范	2	
2	运输作业计划	填写运单	4	10
		选取合适的车型、吨位、线路并派车	6	
3	入库作业计划	ABC分析	6	32
		收货检验单	4	
		编制托盘条码信息表	2	
		货物组托示意图	6	
		上架存储图	6	
		就地堆码存储区规划	8	
4	出库作业计划	订单有效性分析	3	30
		无效订单处理	1	
		客户优先权分析	4	
		库存分配计划表	4	
		补货作业计划	5	
		缺货订单处理	2	
		拣选单	8	
		客户与月台对照表	1	
		月台点检单(图)	2	

续表

序号	评价指标	细则	分值	小计
5	配送作业计划	路线优化及车辆调度设计	8	11
		配装配载方案	3	
6	编制计划	作业进程计划图（考核团队协作是否顺畅）	6	11
		编制预算	5	
7	应急预案		2	2
	合计			100

（3）方案实施评分标准。方案实施以作业质量、计划的执行情况、熟练程度、安全意识强弱、资源占用与耗费量、团队合作优劣、服务质量好坏、成本控制总量、人员和货物的安全性、系统数据和单据数据的准确性、赛场的设备设施的完好性等要素为评价依据，并以综合成本作为参赛队的最终评价标准。综合成本最低者为 100 分，综合成本最高者为 0 分。方案实施评分标准见表 5。

$$本队实际得分 = 100 \times \frac{最高成本 - 本队成本}{最高成本 - 最低成本}$$

表 5　方案实施评分标准

序号	项目	备注
1	租赁成本	按实际租赁量计
2	重型（托盘）货架库区作业成本	按实际成本计
3	电子标签货架区、阁楼货架库区、重型货架散货区出库作业成本	按实际成本计
4	月台理货及装车作业成本	按实际成本计
5	5S 管理	未进行 5S 管理的罚款
6	人工费用	按实际成本计
7	团队协作程度	按作业成本 5%计算
8	操作安全隐患	按作业成本的 50%加扣